SPRACHE - KULTUR - GESELLSCHAFT 13

Beiträge zu einer anwendungsbezogenen
Sozio- und Ethnolinguistik

Hrsg. von Prof. Dr. Sabine Bastian
und Prof. Dr. H. Ekkehard Wolff

PETER LANG
EDITION

H. Ekkehard Wolff

Was ist eigentlich Afrikanistik?

Eine kleine Einführung in die Welt
der afrikanischen Sprachen, ihre
Rolle in Kultur und Gesellschaft
und ihre Literaturen

Unter Mitarbeit von
Ari Awagana und Marion Feuerstein

PETER LANG
EDITION

H. Ekkehard Wolff ist Afrikanist. Er hat bis 2009 am Lehrstuhl für Afrikanistik der Universität Leipzig gewirkt und dort über viele Jahre das Forschungs- und Lehrprofil „Afrikanische Sprachen und Literaturen in Kultur, Politik und Gesellschaft" bestimmt.

Bibliografische Information der Deutschen Nationalbibliothek
Die Deutsche Nationalbibliothek verzeichnet diese Publikation in der Deutschen Nationalbibliografie; detaillierte bibliografische Daten sind im Internet über http://dnb.d-nb.de abrufbar.

ISSN 2195-3678
ISBN 978-3-631-64119-4

© Peter Lang GmbH
Internationaler Verlag der Wissenschaften
Frankfurt am Main 2013
Alle Rechte vorbehalten.
Peter Lang Edition ist ein Imprint der Peter Lang GmbH

www.peterlang.de

Vorwort

Die Anregung zu diesem Buch geht letztlich auf eine Initiative von Professor Thomas Stolz, Sprachwissenschaftler an der Universität Bremen, zurück. Er hatte die Idee, im Rahmen des von ihm im September 2009 veranstalteten *Festivals der Sprachen* in der Bremer Innenstadt u. a. auch einen „Afrikatag" vorzusehen. Seine Einladung, für ein Nicht-Fachpublikum diesen Afrikatag zu gestalten, nahmen wir drei Autoren zusammen mit unserem Kollegen Abdilatif Abdalla, damals alle noch gemeinsam am Lehrstuhl für Afrikanistik an der Universität Leipzig tätig, gern an.

Das rege Interesse, auf das wir bei einem breiten Bremer Publikum stießen, die vielen Nachfragen und die Tatsache, dass es bislang keine vergleichbare deutschsprachige Einführung, so knapp wie fachkundig, in die wissenschaftlich fundierte Beschäftigung mit dem Kosmos der afrikanischen Sprachen, mit ihren Literaturen und mit ihrer Bedeutung für die gesellschaftliche Modernisierung und wirtschaftliche Entwicklung Afrikas gibt, ließen die Idee zu diesem Buch reifen. Wir danken Thomas Stolz für den Anstoß zu diesem Projekt.

Dieses Buch ist zugleich Ausdruck und Ergebnis einer engen Zusammenarbeit der Autoren, einschließlich Abdilatif Abdallas, am Lehrstuhl für Afrikanistik an der Universität Leipzig. H. Ekkehard Wolff war 1994 nach Leipzig berufen worden und hatte dort den Lehrstuhl bis 2009 inne; er war zuvor Professor für Afrikanistik an der Universität Hamburg gewesen, wo er auch promoviert und sich habilitiert hatte. Er war es, der den bedeutenden kenianischen Dichter, Publizisten und Oppositionellen Abdilatif Abdalla aus dessen Londoner Exil nach Leipzig verpflichten konnte, um dort über lange Jahre, bis 2011, Sprache und Literatur des *Kiswahili* zu unterrichten. Ari Awagana wiederum war zunächst Student der Linguistik an der Universität von Niamey, Niger, an der Wolff von 1987 bis 1989 im Rahmen einer Langzeitdozentur des Deutschen Akademischen Austauschdienstes (DAAD) tätig war, nachdem er bereits 1980 bis 1982 an einer anderen afrikanischen Universität, nämlich der von Maiduguri im Nordosten Nigerias, als Langzeitdozent des DAAD gelehrt hatte. Ari Awagana ließ sich zu einer Fortsetzung seines Studiums in Deutschland anregen und sollte im Jahr 2000 bei Wolff in Leipzig promovieren, wie später auch Marion Feuerstein, die bei Wolff in Leipzig ein Zweitstudium der Afrikanistik aufgenommen hatte. Ari Awagana und Marion Feuerstein machten Sprache und Literatur der *Hausa* zu einem der Schwerpunkte ihrer wissenschaftlichen Arbeit, neben anderen Forschungsinteressen. Die Erforschung des *Hausa* und der mit diesem verwandten ca. 140 „Tschadischen Spachen" in West- und Zentralafrika war schließlich auch eines der Arbeitsfelder von H. Ekkehard Wolff, das dieser jahrzehntelang wissenschaftlich beackert hatte. Ari Awagana übernahm später am *Institut für Afrikanistik* die hauptamtliche Verantwortung für den Unterricht in der *Hausa*-Sprache, Marion Feuerstein lehrte dort allgemein über afrikanische Oraturen und Literaturen.

Wie schon der „Afrikatag" beim *Festival der Sprachen* in Bremen ist auch dieses Buch in drei thematische Abschnitte gegliedert: In Teil I nähern wir uns der Afrikanistik als privilegiertem Zugang zu Afrika quasi von „Innen" über seine Sprachen. In Teil II geht es um Afrikas besonderen Reichtum, nämlich seine sprachliche Vielheit und Vielfalt, die eine besondere wissenschaftliche und gesellschaftspolitische Herausforderung darstellen. Teil III schließlich widmet sich den afrikanischen Sprachen nicht nur als quasi Gefäßen der afrikanischen Kulturen und ihrer Literaturen, sondern auch als Mittel des politischen Kampfes. In diesem Aufbau spiegelt sich, zumindest teilweise und nicht zufällig, das personelle und inhaltliche Profil des Leipziger Lehrstuhls für Afrikanistik (Sprachen und Literaturen) nach der „Wende", wie es zumindest bis zum Jahre 2009 Gültigkeit hatte. Die traditionsreiche Leipziger Afrikanistik, deren Wurzeln in die letzten Jahrzehnte des vorvorigen Jahrhunderts zurückreichen und die zwischen 1900 und 1936 unter den Professoren Hans Stumme und August Klingenheben ihre erste Blütezeit erlebte, war im Jahr 1992 im Zuge des Beitritts der ehemaligen DDR zum Geltungsbereich des Grundgesetzes neu begründet worden. Diese neubegründete Leipziger Afrikanistik konnte auf bemerkenswerten Leistungen aufbauen, die dort in den 30 Jahren zuvor erbracht worden waren. Dies galt insbesondere für die Qualität des Sprachunterrichts, die Beschäftigung mit afrikanischen Literaturen, sowie nicht zuletzt eine Fokussierung auf die gesellschaftspolitische Relevanz der sprachlichen Verhältnisse in Afrika, wenn auch unter anderen ideologischen Vorzeichen.

Inzwischen sind H. Ekkehard Wolff und Abdilatif Abdalla aus Altersgründen aus den Diensten der Universität Leipzig ausgeschieden, und auch Marion Feuerstein hat ihre zeitweilige Lehrtätigkeit dort eingestellt. Von den Autoren dieses Buches ist Ari Awagana weiterhin am Institut für Afrikanistik der Universität Leipzig aktiv und vertritt dort, am neubesetzten Lehrstuhl für Afrikanistik, schwerpunktmäßig die wissenschaftliche Beschäftigung mit der Sprache, Literatur und Kultur der Hausa.

Mai 2012   H. Ekkehard Wolff, Adama (Nazret), Äthiopien
                            Marion Feuerstein, Halle a. d. Saale
                            Ari Awagana, Leipzig

Inhaltsverzeichnis

II. Afrikas Sprachen

III. Afrikas Literaturen

H. Ekkehard Wolff

Einleitung

Was ist eigentlich „Afrikanistik"? Vor diese Frage sehen sich jährlich einige Hundert Studierwillige an acht deutschsprachigen Universitäten zwischen Köln und Leipzig, Hamburg und Wien gestellt, wenn sie sich über die angebotenen Studienfächer informieren und gerne „irgendetwas mit Afrika machen" möchten. Auch einer breiteren Öffentlichkeit ist eine Wissenschaft bzw. ein universitäres Studienfach dieses Namens kaum oder gar nicht bekannt – und wenn ja, dann allerhöchstens als Erinnerung an ein vermeintliches „Orchideenfach", das exotisch und vergessen im Verborgenen blüht. Diese Beschreibung trifft auf die Afrikanistik und ihre jüngeren Schwestern, die sog. Afrikawissenschaften, aber schon seit Jahrzehnten nicht mehr zu angesichts vieler Hunderte von Studierenden, die Jahr für Jahr in Deutschland und einigen Nachbarländern ein entsprechendes Studium aufnehmen. Und bei jenen Menschen, die sich beruflich oder aus Interesse ohnehin mit Afrika auseinandersetzen, herrscht Verwirrung: Ist „Afrikanistik" nun eigentlich dasselbe wie „Afrikawissenschaften", und was sind dann „Afrikastudien", „Afrikakunde", „Afrikanologie"? In der Tat ist es höchst irritierend, dass selbst unter Betroffenen hin und wieder einige dieser Bezeichnungen austauschbar verwendet werden – aber warum gibt es dann in der deutschen Wissenschaftslandschaft zum einen einen „Fachverband Afrikanistik", und zum anderen eine „Vereinigung für Afrikawissenschaften (VAD)"? Wie verhalten sich diese beiden deutschsprachigen Bezeichnungen zu den international gebräuchlichen Termini *African Studies* und *Études africaines*? Und wie passt die vor knapp 25 Jahren ins Leben gerufene Reihe von Weltkongressen ins Bild, die sich *World Congress of African Linguistics* nennt und praktisch, auf den deutschen Sprachgebrauch übertragen, Weltkongresse der „Afrikanistik" sind? Nicht zuletzt diese und andere Fragen zu Traditionen der wissenschaftlichen Beschäftigung mit Afrika in Deutschland, vor allem mit seinen Sprachen, Kulturen und Gesellschaften, finden in den nachfolgenden Kapiteln Antworten.

Im ersten Teil des Buches wird zunächst ganz allgemein der Frage nachgegangen, was „Afrikanistik" ist (und was nicht), und wie sich diese Wissenschaft im deutschen Sprachraum seit Beginn des 20. Jahrhunderts als eigenständiges Forschungsgebiet und Studienfach an einigen wenigen Universitäten entwickelt hat. Dabei wird deutlich werden, dass und wie im Zentrum der Afrikanistik die wissenschaftliche Beschäftigung mit den vielen Hunderten von afrikanischen Sprachen steht. Wir verfolgen die Entwicklung von der Afrikanistik als einer veritablen „Kolonialwissenschaft", die sich in Deutschland zu Beginn des 20.

Jahrhunderts an den drei Gründungsinstituten Berlin, Leipzig und Hamburg in durchaus unterschiedlicher Weise mehr oder minder deutlich in den Dienst einer optimierten Verwaltung, wenn nicht Ausbeutung, der afrikanischen „Schutzgebiete" des damaligen Deutschen Reiches gestellt hatte. Im Widerhall der konkret werdenden Dekolonisierung Afrikas in der Mitte des 20. Jahrhunderts, wir denken hier meist an das sog. „Afrikajahr 1960", erfuhr auch die Afrikanistik einen dramatischen Paradigmenwechsel, den wir erklärend ansprechen werden. Zudem musste sie sich in der Folge auch mit der Tatsache auseinander setzen, dass nun auch andere Wissenschaften als die Afrikanistik und die damals noch „Völkerkunde" genannte Ethnologie begannen, sich verstärkt mit Afrika, zumal dem sog. subsaharischen Afrika, zu beschäftigen. Schließlich, nicht zuletzt ausgelöst von politischen Entwicklungen in den USA, schwappte eine Welle nach Europa und Deutschland, die im hiesigen Wissenschaftsbetrieb ein Äquivalent zu den in den USA populär werdenden *African Studies* zu etablieren trachtete. Im deutschen Sprachraum sollte dies zu der akademischen Luxussituation führen, dass neben die herkömmliche Afrikanistik nun auch die sog. Afrikawissenschaften traten, deren zentrale Forschungsinteressen nun eben gerade nicht auf dem Gebiet der afrikanischen Sprachen lagen. Seit den 1990er Jahren erfolgt dann gleichsam die Globalisierung der ursprünglichen Konzeption der deutschsprachigen Afrikanistik: Eine eigene Serie von Weltkongressen (*World Congress of African Linguistics, WOCAL*) hat die thematische Breite des ursprünglichen afrikanistischen Ansatzes aufgenommen und verbindet nunmehr Wissenschaftler aus allen bewohnten Kontinenten, die sich mit der sprachlichen Vielheit und Vielfalt auf dem afrikanischen Kontinent auseinander setzen. Entsprechend prominent rücken, gemäß dem neuen Forschungsparadigma von „Sprachen als Ressourcen", immer stärker die Sprecher der afrikanischen Sprachen, unabhängig von ihrer jeweiligen Zahl, in das Blickfeld der Forschung. Die afrikanischen Sprachen werden nicht mehr allein in vermeintlicher Esoterik als Selbstzweck erforscht, wie es in früheren Jahrzehnten durchaus der Fall war, sondern in ihrer praktischen Anwendungsdimension. Die Frage lautet nun: Was können oder müssen die afrikanischen Sprachen, was die Sprachwissenschaftler, die sich mit diesen Sprachen beschäftigen, leisten, um die Lebensumstände der Menschen, die diese Sprachen sprechen, zu verbessern? Die Antwort liegt auf der Hand: Indem wir ihnen zu allererst Zugang zu qualitativ hochwertiger Bildung und Ausbildung eröffnen, damit sie ihr Leben, ihre Kulturen und ihre Gesellschaften nach eigener Erkenntnis frei gestalten und ihre „Entwicklungsziele" frei selbst bestimmen können. Erst darin fände die umfassende Dekolonisierung Afrikas ihr Ziel. Wir werden zeigen, wie die moderne Afrikanistik sich dabei der Tatsache annimmt, dass qualitativ hochwertige Bildung und Ausbildung in Afrika nur auf dem Weg über multilinguale Strategien möglich ist, in denen die afrikanischen Erstsprachen („Muttersprachen") ebenso wie die nach Afrika importierten ex-kolonialen „Weltsprachen" europäischer Provenienz (Englisch, Französisch, Portugiesisch etc.) ihren jeweils angemessenen pädagogischen Platz finden. Damit rücken die afrikanischen Sprachen, die das Herzstück der afrikanistischen Forschungen bilden, in das Zentrum eines umfassenden Entwicklungsdiskurses – auch wenn dies von den wortführenden Sozialwissenschaften, besonders in Deutschland, noch nicht maßgebend wahrgenommen wird: Deren *linguistic turn* in Bezug auf Afrika steht noch aus!

Daher gehen wir im ersten Teil in einem weiteren Kapitel der Frage nach, welchen besonderen Herausforderungen sich die afrikanischen Sprachen, die bei uns in unaufgeklärten Kreisen immer noch als quasi hinterwäldlerische „Stammesdialekte" ohne Zukunft wahrgenommen werden, im 21. Jahrhundert gegenüber sehen. Welche Bedeutung können und müssen sie haben im Zeitalter von Wissensgesellschaft und Globalisierung, welche Rolle spielen sie bei der gesellschaftlichen Modernisierung und wirtschaftlichen Entwicklung, und wie reagieren post-koloniale Politik und Gesellschaft auf Afrikas ererbte ethnolinguistische Diversität?

Im zweiten Teil des Buches gehen wir näher auf dasjenige Faktum ein, das Afrika in sprachlicher und sprachwissenschaftlicher Hinsicht so besonders macht, nämlich sein Reichtum an Sprachen in ihrer Vielzahl und Vielfalt. Da ist zum einen die schiere Menge: Manche Zählungen nennen weit über 2000 Sprachen, und wir werden ausführlich der Frage nachgehen, auf welchen Annahmen derlei Zählungen beruhen, welche Schwierigkeiten bei der Unterscheidung zwischen „Sprachen" und „Dialekten" auftreten, und wie sich ggf. Afrika hier von Europa bzw. Deutschland unterscheidet – oder auch gerade nicht?! Und da ist die grammatische und lautliche Vielfalt der afrikanischen Sprachen: Von den *Afroasiatischen* Sprachen im Norden des Kontinents, deren typologische Übereinstimmungen in gewissen Teilbereichen der Grammatik mit den *Indoeuropäischen* Sprachen überraschen mögen, bis zu gewissen *Bantu-* und den *Khoisan-*Sprachen im Süden des Kontinents, deren sog. Schnalzlaute und Einteilung von Substantiven in eine Vielzahl von sog. Nominalklassen uns, nach unserem europäischen Verständnis von gängigen Sprachlauten und Grammatik, arg „exotisch" vorkommen mögen.

Das Nebeneinander von afrikanischen, europäischen und asiatischen Sprachen macht Afrika zu einem Kontinent mit einer außerordentlichen sprachlichen Vielfalt und einer weit verbreiteten Mehrsprachigkeit seiner Menschen: Die seit gut 50 Jahren politisch unabhängigen Staaten in Afrika weisen, je nach Zählung, zwischen 5 und 500 separate Sprachen auf ihren Territorien auf – *nota bene*: afrikanische Sprachen, hinzu kommt noch ein Vielzahl von importierten oder örtlich entstandenen Verkehrs-, Amts- oder einfach Migrantensprachen. In der Forschung sprechen wir hier von *territorialem* und *institutionellem* Multilingualismus. Die Mehrzahl der Menschen in Afrika verwendet in der täglichen Kommunikation und auf ganz natürliche Weise ebenfalls mehrere Sprachen, je nach Anlass und Gesprächspartner: in der Familie und mit Freunden, auf dem Markt oder in Kaufhäusern, in der Schule oder Universität, auf Ämtern oder vor Gericht, bei der Konfrontation mit Polizei oder anderen Uniformträgern – die Bedingungen für die „Sprachenwahl" sind vielfältig. Die Forschung spricht hier von *individuellem* Multilingualismus, der so verbreitet sein kann, dass man bei manchen Sprechergemeinschaften bereits von *stabilem* (*soziokulturellem*) Multilingualismus sprechen kann.

Eine dieser afrikanischen Sprachen stellen wir exemplarisch näher vor: das *Hausa*, das in weiten Teilen Westafrikas und darüber hinaus von inzwischen vermutlich schon fast 100 Millionen Menschen als Erst- oder Zweitsprache verwendet wird. Damit gehört es zu den größten Sprachen des Kontinents und wird weltweit in internationalen Nachrichtenmedien verwendet und an vielen Universitäten gelehrt und erforscht. In bester afrikanistischer Tradition werden wir diese afroasiatische Sprache unter verschiedenen Blickwinkeln näher betrachten. Dabei interessiert uns ihre Geschichte und Sprachverwandtschaft, soweit sie sich uns durch Methoden des Sprachvergleichs erschließt, und ihre räumliche Verbreitung, die wiederum auf das Engste mit kulturellen, politischen und ökonomischen Faktoren verknüpft ist. Schließlich wenden wir uns der Sprachstruktur, d.h. Phonologie, Grammatik und Wortschatz zu, um herauszuarbeiten, nach welchen sprachtypologischen Grundmustern diese Sprache gleichsam funktioniert. Hier spiegelt sich der ganzheitliche Ansatz, der für die deutschsprachige Afrikanistik so charakteristisch ist, für den Sprache zwar im Zentrum steht, der sie aber stets im Kontext von Kultur, Geschichte und Gesellschaft zu betrachten sucht. So reicht das Spektrum afrikanistischer Betrachtung beim *Hausa*, nicht anders als bei jeder anderen afrikanischen Sprache, von den phonetischen Besonderheiten bei der Lautproduktion über komplexe Wort- und Satzbildungsmuster und Wortschatzuntersuchungen bis hin zu Fragen der Sprachenpolitik und des Sprachenrechts, nicht zu vergessen die Herausforderungen von Sprachstandardisierung (z.B. Orthographie- und Terminologieentwicklung) und der Schaffung von Lese- und Schreibkulturen auf der Basis traditioneller Oraturen und Literaturen.

Im dritten Teil wenden wir uns exemplarisch den Schätzen der reichen afrikanischen Sprachkunst zu, die uns teilweise bislang nur mündlich als „Oraturen", in einigen Sprachen aber bereits über eine jahrhundertealte schriftliche Überlieferung, oft in arabischer Schrift, auch als „Literaturen" zugänglich sind.

Auch dies erfolgt nach der Maßgabe sehr früher afrikanistischer Forschungstraditionen, die stets immer auch die Poesie und die Erzählkunst in afrikanischen Gesellschaften und Kulturen im Blickfeld hatten. Dabei greifen wir aus vielerlei Gründen das *Kiswahili* heraus, das mit heute um die 100 Millionen Sprechern als die bedeutendste afrikanische Verkehrs- und Literatursprache gelten kann und das zu den sog. Bantusprachen gehört. Diese nach etlichen Hundert zählende Sprachengruppe hatte von Beginn an in der deutschen Afrikanistiktradition eine besondere Bedeutung – nicht zuletzt, weil die Bantusprachen in Afrika sehr weit verbreitet sind und sich daher auch in gleich drei der ehemals deutschen Kolonialterritorien fanden, nämlich in „Deutsch-Kamerun", „Deutsch-Ostafrika", und „Deutsch-Südwestafrika". Anhand des *Kiswahili* wollen wir hier die Ausdruckskraft afrikanischer Poesie auszuloten versuchen. Genauer: Am Beispiel der Dichtung eines bedeutenden ostafrikanischen Dichters und Publizisten, unseres Kollegen Abdilatif Abdalla, der selbst am *Festival der Sprachen* in Bremen 2009 aktiv mitgewirkt hat, wollen wir den Leser in den Reichtum und die Bedeutung, auch die politische, von afrikanischer Sprachkunst einführen. In dem vorliegenden Fall geht es noch dazu um eine besondere lokale Sprachform des *Kiswahili*, nämlich den *Kimvita* Dialekt von Mombasa in Kenia. Dieser hat sich in der Vergangenheit eine eigenständige Rolle als Sprache der Poesie erworben und unterscheidet sich beträchtlich von anderen *Kiswahili* Varietäten, einschließlich des sog. Standard Swahili, das in unterschiedlichen Varietäten hauptsächlich in Kenia und Tansania gesprochen und geschrieben wird.

Die Autoren hoffen, mit diesem kleinen Buch einer nicht fachwissenschaftlichen Leserschaft einen ersten und lohnenden Blick zu eröffnen auf den vielfach unterschätzten Beitrag Afrikas zur Vielfalt der Manifestationen des menschlichen Geistes und einer allgemeinen Menschheitskultur, wie er sich in Afrikas Sprachen und Literaturen darstellt. Vielleicht gelingt es uns, den klassischen afrikanistischen Dreiklang von „Sprache – Kultur – Gesellschaft" in Afrika auch im bislang unkundigen Leser zum Klingen zu bringen und dessen Neugier zu wecken. – Ach ja, und den suchenden Studierwilligen, die gerne „irgendetwas mit Afrika machen" möchten, sei hiermit ein erster Einstieg in ein so faszinierendes wie weithin unterschätztes Studienfach und Forschungsgebiet angeboten, das alles hat, was Wissenschaft spannend und zugleich wichtig macht:

kaum erforschte Sprachen in entlegenen Gebieten, die zunehmend unter den Druck dynamischer afrikanischer Verkehrssprachen geraten und damit existentieller Gefahr, d.h. Bedrohung bis hin zu „Sprachtod", zu erliegen drohen;

afrikanische Verkehrssprachen, die zunehmend selbst als Vehikel des modernisierenden Drucks der sozialen, kulturellen und ökonomischen Globalisierung fungieren und sich, zumal unter Verwendung neuer elektronischer Kommunikationsmedien, wie z.B. *sms* und *email*, entsprechend rasant verändern;

überaus kreative „Kiezsprachen" aus den kleinkriminellen urbanen Ghettos der afrikanischen Megastädte, die auf dem Sprung sind in die quasi „Gentrifizierung" als neue *lifestyle codes*, und die zugleich eine neue Rolle als potentielle „Nationalsprachen" mit deutlich antikolonialer Stoßrichtung zu spielen geeignet sein könnten;

drängende Aufgaben bei der notwendigen Standardisierung einer Vielzahl von afrikanischen Sprachen, um damit über optimierte multilinguale Bildungsstrategien der Masse der Bevölkerung Zugang zu guter Bildung und Ausbildung zu eröffnen im Kampf gegen Hunger, Massenarmut, HIV/AIDS, Säuglings- und Müttersterblichkeit, etc., kurz: zur tatsächlichen Erreichung der *Millennium Developments Goals* der UN – und sei es weit nach dem ambitionierten Zieljahr 2015;

ebenso drängende Aufgaben bei der notwendigen Neutralisierung der antidemokratischen Wirkung der „Elitenabschottung", die zum einen über die sprachliche Ausgrenzung der Massen funktioniert durch den privilegiertem Zugang der Eliten zu den ex-Kolonialsprachen europäischen Ursprungs, und die zum anderen einer uninformierten, ineffektiven und ineffizienten Sprachen- und Bildungspolitik geschuldet ist;

die neue „Oralität" des ubiquitären Handy-Gebrauchs, selbst in den entlegensten Dörfern, die nicht nur in jeder noch so kleinen Lokalsprache Kommunikation mit Mitgliedern der Sprechergemeinschaft irgendwo in der Welt erlaubt, sondern die es auch Analphabeten ermöglicht, sich über Telekommunikation in einem bislang unerreichten Maße mit Informationen und Kontakten zu versorgen, die früher nur schriftlich zugänglich und möglich waren,

nicht zuletzt kaum erforschte mündliche und schriftliche Überlieferungen (Oraturen und Literaturen) in einer Vielzahl von Sprachen, die kulturellen Schöpfungen des menschlichen Geistes Ausdruck verleihen und Auskunft geben über Muster und Strategien, wie Menschen auf eine sich ständig verändernde Umwelt reagieren und Traditionelles mit Modernem immer wieder neu verknüpfen, und vieles mehr,

und dies alles in enger internationaler Kooperation mit Individuen, Gruppen, NGOs und sonstigen Autoritäten und Organisationen in Afrika – zwischen Kairo und Kapstadt, Casablanca und Khartoum.

Diese Herausforderungen haben einen Namen: *Afrikanistik.*

H. Ekkehard Wolff

Die deutschsprachige Afrikanistik

Die deutschsprachige Afrikanistik ist zu Hochzeiten des Kolonialismus am Ende des 19. und zu Beginn des 20. Jahrhunderts an Lehr- und Forschungsinstituten in Deutschland (Berlin, Leipzig, Hamburg) und Österreich (Wien) entstanden.

Was Afrikanistik ist, und was es nicht ist

Die Titelfrage dieses Buches, was eigentlich „Afrikanistik" sei, ist natürlich zumindest teilweise abhängig von dem Selbstverständnis des Afrikanisten, der sie beantwortet. Meine eigene und die für mein wissenschaftliches Selbstverständnis repräsentative Antwort ist, nach 45 Jahren professioneller Erfahrung, die folgende:

> Afrikanistik ist die Wissenschaft von den afrikanischen Sprachen und deren Bedeutung und Funktionen in Kultur und Gesellschaft in Afrika, sowie von deren Wahrnehmung innerhalb und außerhalb Afrikas,

und ich könnte hinzusetzen: in Vergangenheit, Gegenwart und – mit der begrenzten Voraussagekraft aller Wissenschaft – Zukunft. Andere Antworten quasi aus der Tiefe des deutschsprachigen akademischen Raumes dürften da nur in Nuancen abweichen. So definiert etwa der im Jahre 2002 gegründete und bei der Deutschen Forschungsgemeinschaft (DFG) akkreditierte „Fachverband Afrikanistik" diese Wissenschaftsdisziplin wie folgt:

> Afrikanistik ist die Wissenschaft von den afrikanischen Sprachen in allen Erscheinungsformen und von ihren gesellschaftlichen, kulturellen und historischen Bedingungen und Gebrauchsweisen.

In dem im Jahre 2001 im Peter Hammer Verlag erschienenen Nachschlagewerk „Das Afrika-Lexikon. Ein Kontinent in 1000 Stichwörtern", hrsg. von Jacob E. Mabe, heißt es, die Afrikanistik sei eine

> Wissenschaftsdisziplin, die sich mit der Erforschung und Beschreibung von Sprachen und Lit[eraturen] in Afrika befasst. Forschungsgegenstand sind auch alle kulturellen, sozialen und hist[orischen] Aspekte, soweit diese mit linguistischen Methoden zu erschließen sind.

Eines ist in diesen und wäre in allen weiteren sachkundigen Antworten gleich, nämlich der Primat einer breiten sprachwissenschaftlichen (linguistischen) Perspektive, die Sprache stets im sozialen, kulturellen und historischen Kontext ihrer Verwendung zu betrachten geneigt ist – neben der Fokussierung auf linguistische Kernbereiche wie Sprachbeschreibung und -dokumentation, Sprachvergleich und Sprachgeschichte (einschließlich Sprachklassifikation), sowie Sprachtypologie. Alle für die Afrikanistik relevanten Fragen ergeben sich aus dieser primären Beschäftigung mit den afrikanischen Sprachen. Damit rücken implizit und automatisch auch die Sprecher dieser Sprachen ins Blickfeld, mit ihren Kulturen, ihrer Geschichte, ihren Vergesellschaftungsformen – und dies mit einem regionalen Fokus auf Gesamtafrika, nicht etwa nur auf das sog. subsaharische Afrika. In dieser umfassenden sozio- und ethnolinguistischen Perspektive sowie in der Fokussierung auf Afrika liegt auch der Wesensunterschied zur allgemeinen Sprachwissenschaft, zumal in deren primär theoretischer und am Phänomen „menschliche Sprache an sich" interessierter Ausprägung. Vereinfacht könnte man das in der Sache begründete relativ enge Verhältnis zwischen Afrikanistik und Allgemeiner Sprachwissenschaft (Linguistik) wie folgt beschreiben:

> Während die allgemeine und theoretische Linguistik an der menschlichen Sprache als solcher interessiert ist, vor allem auch an deren psychologischen und kognitiven Dimensionen und der Optimierung von abstrakten Grammatikmodellen zu deren Beschreibung und Erklärung, beschäftigt sich die Afrikanistik vorrangig mit konkreten afrikanischen Sprachen, deren Geschichte, und deren Gebrauchsmustern in gegebenen soziokulturellen Kontexten.

Während daher die allgemeine Sprachwissenschaft sogenannte Bindestrich-Linguistiken wie Soziolinguistik, Ethnolinguistik, Psycholinguistik, Pragmatik/Pragmalinguistik, Textlinguistik etc. ausgebildet hat, um sich der komplexen Realität menschlichen Spracherwerbs und menschlicher Sprachverwendung zu nähern, schließt die Afrikanistik – im Prinzip – diese ganze Breite der theoretischen und methodischen Zugänge ein. Sie kann dies leisten, weil sie ihren Fokus auf Afrika beschränkt.[1] Vor allem aber ist die Afrikanistik keine allein regional

---

1   Natürlich kann kein einzelner Afrikanist in seinen Forschungsinteressen diesem umfassenden Anspruch in allem gerecht werden, auch in der Afrikanistik sind fachinterne Spezialisierungen, z. B. auf bestimmte Sprachstämme oder Sprachfamilien, ja sogar größere Einzelsprachen, aber auch z.B. auf typologische Aspekte der Sprachstruktur, besondere Schnittstellenbereiche zu Nachbarwissenschaften etc., durchaus üblich und legitim. Und dennoch: Afrikanisten pflegen sich durch ein sehr breites Interessenspektrum in ihren Forschungen auszuzeichnen, das einem prinzipiell umfassenden Ansatz verpflichtet ist. Anderenorts, wie z.B. in den USA, sind vergleichbar umfassende Zugänge zu kulturspezifischen Sprachgebrauchsmustern, nicht zuletzt zunächst unter Rückgriff auf im alten Europa diskutierte Ansätze, in der zweiten Häfte des vorigen Jahrhunderts unter Begriffen wie anthropological linguistics ~ linguistic anthropology, ethnolinguistics, ethnography of speaking etc. popularisiert und auch verwirklicht worden. Dies hat die mainstream Linguistik nicht wirklich nachhaltig beeinflussen können,

eingeschränkte Allgemeine Sprachwissenschaft, sondern eine transdisziplinäre Sprach-, Kultur- und Sozialwissenschaft – allerdings mit einer regionalen Fokussierung auf Gesamtafrika. Immer wieder aber sucht die Afrikanistik die theoretische und methodische Anbindung an ihre systematische quasi Mutterwissenschaft, d.h. an die Linguistik, und ist damit immer wieder auch in der Lage, die allgemeine Wissenschaft von der menschlichen Sprache durch ihre spezifischen Daten und Einsichten zu befruchten. Wissenschaftshistorisch lässt sich feststellen, dass die Afrikanistik seit ihren Anfängen immer wieder durch Perioden größerer Nähe oder Ferne zu theoretischen und methodischen Tendenzen und Denkschulen in der Allgemeinen Sprachwissenschaft geprägt war und daher auch in durchaus unterschiedlicher Intensität auf diese zurück gewirkt hat.

Als Wissenschaft mit dieser aus heutiger Sicht formulierten Zielsetzung ist die Afrikanistik vor gut 125 Jahren im deutschsprachigen Raum entstanden, und damit zu Hochzeiten des europäischen, einschließlich des kaiserlich-deutschen Kolonialismus. Wie andere Wissenschaften auch war und ist die Afrikanistik in ihren als vorrangig angesehenen Zielsetzungen nicht frei von intellektuellen Strömungen des herrschenden Zeitgeistes, die auf jeweiligen Erkenntnisinteressen einwirken. Und daher gilt die schmerzhafte Einsicht: Die Afrikanistik war in ihren Anfängen eine veritable „Kolonialwissenschaft", die sich anheischig machte, einer optimierten Nutzung bzw. Ausbeutung der überseeischen Territorien, euphemistisch „Schutzgebiete" (für deutsche Kolonialinteressen) genannt, dienstbar zu sein. In erster Linie beschränkte sich dies allerdings auf das Angebot von Sprachunterricht in einigen afrikanischen Sprachen, die in den deutschen Kolonien in Afrika (Deutsch-Ostafrika, Deutsch-Westafrika: Togoland und Kamerun, Deutsch-Südwestafrika) eine gewisse Bedeutung hatten und daher für die Ausbildung von Kolonialbeamten, Angehörigen der Kolonialtruppen und Missionaren nützlich waren, also etwa *Swahili* (Suaheli), *Ewe, Duala, Herero* usw. Dieser kolonialwissenschaftliche Fokus auf die praktische Sprachausbildung hat sich im kollektiven Gedächtnis der deutschen Wissenschaftsgesellschaft festgesetzt und wirkt bis heute nach: In breiten akademischen Kreisen und darüber hinaus herrscht die Vorstellung, bei „Afrikanistik" ginge es hauptsächlich oder gar ausschließlich um das Erlernen afrikanischer Sprachen (*Ach, Sie*

---

die lange Zeit von einem völlig anderen Paradigma geprägt war, das mit dem Namen Noam Chomsky verbunden ist und das geneigt war, alternative theoretische Ansätze zu marginalisieren. Allerdings verdichten sich in den letzten Jahrzehnten die Hinweise, dass auch in den USA ein Umdenken begonnen hat, das typologischen, areallinguistischen und ethnolinguistischen Ansätzen wieder breiteren Raum einzuräumen bereit ist und das sich damit nun seinerseits wieder älteren europäischen Konzeptionen, wie sie etwa in der deutschsprachigen Afrikanistik weithin lebendig geblieben sind, annähert.

sind Afrikanist? Wieviele afrikanische Sprachen sprechen Sie denn?)! Das ist ein großer Irrtum, der auch durch seine weite Verbreitung nicht richtig wird. Denn die junge Wissenschaft war von Anfang an – und hier durchaus frei von unmittelbaren Interessen der kolonialen Praxis – an der Vielzahl und Vielfalt der afrikanischen Sprachen *per se* interessiert, zumal auch an den in diesen zu beobachtenden lautlichen Verhältnissen. Nicht zufällig geht daher die frühe Gründung eines der allgemeinen Phonetik gewidmeten Forschungsinstituts (*Phonetisches Laboratorium*) in Hamburg bereits im Jahre 1910 auf eine afrikanistische Initiative zurück, nämlich von Seiten eines der akademischen „Stammväter" der Afrikanistik, Professor Carl Meinhof (1857-1944), der erst ein Jahr zuvor (1909) aus Berlin auf den weltweit ersten „Lehrstuhl" für Afrikanische Sprachen am damaligen *Kolonialinstitut* in Hamburg berufen worden war. Und phonetische Untersuchungen zu und an afrikanischen Sprachen waren nun in gar keiner Weise geeignet, zu den praxisorientierten und auf eine profitable Verwaltung und Ausbeutung der afrikanischen Kolonien gerichteten Kolonialwissenschaften einen Beitrag zu leisten, sondern betrafen reine Grundlagenforschung! Letztlich resultiert auch aus dieser Tatsache das ebenso weit verbreitete Bild von einer sprachwissenschaftlich begründeten Afrikanistik als „praxisfernes Orchideenfach", das die Wahrnehmung in der zweiten Häfte des 20. Jahrhunderts bei uns bestimmt hatte. Ende der 1960er und in den 1970er Jahren wurde daher die Afrikanistik von Seiten der damals groß in Mode kommenden Sozialwissenschaften, die gerade erst anfingen, sich dem unabhängigen Afrika zuzuwenden, nicht frei von Häme nach ihrer „gesellschaftlichen Relevanz" gefragt. Diese Frage war zu jener Zeit nicht ganz unberechtigt, hatte die (west-) deutsche Afrikanistik es doch bis dahin versäumt, ihr gesellschaftspolitisches Potenzial jenseits der ursprünglichen kolonialen Praxisanforderungen deutlich zu machen – dazu mehr weiter unten.[2]

Mit der Klarstellung, dass die Afrikanistik also primär eine sprachwissenschaftliche zugleich Grundlagen- und Anwendungsdisziplin ist, wird auch klar,

---

2   So war die Afrikanistik zwischen 1919 und 1968/69 selbst nicht ganz unschuldig daran, dass ihre anwendungspraktische und „gesellschaftsrelevante" Dimension, zumindest in Westdeutschland, völlig verkannt wurde. Ihre praxisbezogenen kolonialwissenschaftlichen Dienste zuvörderst in der Sprachausbildung waren nach 1919 nicht mehr gefragt, und so zog sie sich, bis zum erhofften „Rückgewinn der Kolonien" in nicht allzu ferner Zukunft, auf weitgehend anwendungsfreie Grundlagenforschung zurück und versank in eine Art Dornröschenschlaf als „Orchideenfach". Erst mit der Unabhängigkeit der meisten afrikanischen Staaten um und nach 1960 sollten sich Bewußtsein und politische Interessenlage wieder ändern – worauf allerdings erst eine neue Generation von sog. „Jungafrikanisten" reagieren sollte (s. weiter unten).

was Afrikanistik nicht ist: nämlich keine irgendwie alles umfassende allgemeine „Wissenschaft von Afrika", die ohne besondere Schwerpunktsetzung daher käme oder die x-beliebigen Kombinationen von Schwerpunktsetzungen seriös Raum böte. Eine solche, wenn auch wissenschaftliche, Beschäftigung mit Afrika „quer-Beet" wäre nämlich keine seriöse Wissenschaft im abendländischen Selbstverständnis von *Wissenschaftsdisziplin*, denn „Disziplin" hat immer auch etwas mit Ein- und Beschränkung, mit Ein- und Zuordnung, zu tun. In diesem Sinne definiert sich die Afrikanistik also als eine primär linguistische Wissenschaftsdisziplin, deren Bezugsrahmen die Allgemeine und Vergleichende Sprachwissenschaft (im angloamerikanischen Sprachgebrauch: *general* oder *theoretical* und *comparative* oder *historical linguistics*) ist. Eine „Afrikakunde quer Beet" ohne eine solche verbindende, im internationalen akademischen Diskurs überprüfbare Methodik und Theorienbildung, wie es jede eigenständige Wissenschaftsdisziplin im Sinne von „ordnungsgemäßer" Forschung und Lehre nun einmal als Grundlage verlangt, hinge gleichsam haltlos in einem intellektuellen und akademischen Vakuum. Etwas flapsiger formuliert: *Afrika als solches kann man nicht studieren!* Man muss schon einen systemwissenschaftlichen Referenzrahmen haben, d.h. man nähert sich Afrika als solide ausgebildeter Sprachwissenschaftler, Ethnologe, Soziologe, Politologe, Ökonom, Historiker, Erziehungswissenschaftler, etc. Da wir in Deutschland in den Zeiten vor dem sog. Bologna-Prozess (d.h. der angestrebten Harmonisierung der akademischen Ausbildung zu Beginn des 21. Jahrhunderts in Europa), Diplom-, Magister- und Promotionsordnungen hatten, die verpflichtend Fächerkombinationen vorsahen (neben dem sog. Hauptfach auch Neben- oder Beifächer; im angloamerikanischen Sprachgebrauch *major* and *minors*), war der Blick über den redensartlichen Tellerrand des Hauptfaches während des Studiums gleichsam eingebaut in die akademische Ausbildung.[3] Die traditionelle deutschsprachige Afrikanistik war getragen von der Grundidee der Transdisziplinarität, d.h. der Einbeziehung unterschiedlicher theoretischer und methodischer Ansätze aus verschiedenen Wissenschaften: zunächst der Sprachwissenschaft in ihrer allgemein-theoreti-

---

3   Bedauerlicherweise, insbesondere für ein fächerübergreifend breit angelegtes Studium der Afrikanistik, ist im Laufe der Zeit das 1+2 Modell (ein Hauptfach + zwei Nebenfächer) über das 1+1 Modell (erstes und zweites Hauptfach) in den alten Magisterstudiengängen zum „nur noch 1" Modell neuerer Bachelor und Master-Studiengänge verwässert worden, sofern nicht sogar jegliche Bindung an eine „Kernwissenschaft" mit solider theoretischer und methodischer Ausbildung aufgegeben wird. Derlei Schmalspur-Ausbildung ist einer sog. Regionalwissenschaft, in der es gleichermaßen um Sprachen, Kulturen und Geschichte fremder Gesellschaften geht, nicht zuträglich und birgt die Gefahr, üblichen Wissenschaftsstandards nicht mehr gerecht werden zu können.

schen wie historisch-vergleichenden Dimension (praktischerweise konnte man ja dann auch Linguistik als Nebenfach mit der Afrikanistik verbinden: etliche theoretische und methodologische Werke musste man ohnehin in beiden Fächern durcharbeiten!), gern in Verbindung mit Ethnologie (früher „Völkerkunde" genannt) oder Phonetik, aber auch Musikwissenschaft oder Geschichte, Soziologie oder Literaturwissenschaft, Religionswissenschaft oder Theologie, etc. – je nach persönlicher Neigung und Interessenlage des Studierenden. Der Gewinn war stets der Erwerb einer gewissen Breite des wissenschaftlichen Horizonts bei den angehenden Einzelwissenschaftlern. Dies erlaubte es ihnen, Sprache stets in einem größeren sozialen und kulturellen Kontext wahrzunehmen und ihre Forschungen entsprechend breit anzulegen.

Die in den vergangenen Jahrzehnten zunehmende Spezialisierung in allen Fächern, d.h. die individuelle Verengung der wissenschaftlichen Perspektive, wie sie am Ende dann auch die Afrikanistik erfassen sollte, ließ sich offenbar nur noch durch kooperative Strategien kompensieren. Vor ca. 50 Jahren kam ein alternativer Ansatz so recht in Mode, ausgehend von den USA, der es jenseits fachlicher Spezialisierungen erlaubte, in sog. *African Studies Centers*, die fast wie Pilze aus dem Boden schossen, die inzwischen hochspezialisierten individuellen Forschungsinteressen wieder in einem breiteren Verbund zusammenzuführen. Man musste kein studierter Afrikanist sein, um sich nun als Soziologe oder Ethnologe, Politologe oder Historiker, Phonetiker oder Literaturwissenschaftler etc. angelegentlich oder regelmäßig mit Afrika zu beschäftigen und sich im Rahmen der neuen *African Studies Centers* und neu eingerichteter Kongressserien kollektiv auszutauschen. Dem in der Person des Einzelforschers angelegten transdisziplinären Ansatz trat das additive Prinzip des wissenschaftlichen Kollektivs gegenüber – ein Modell, das auch in den akademischen Kulturen des damals noch „real existierenden Sozialismus" im sog. Ostblock (d.h. in der ehemaligen UdSSR/Sowjetunion mit ihren politischen Satelliten, einschliesslich der ehemaligen DDR) verbreitet war, hier allerdings aus ganz anderen ideologischen, nämlich „anti-bürgerlichen", Motiven. Ohne dass gestandene Afrikanisten nun gleich hämisch von Afrika-bezogenem akademischem Dilettantismus sprechen sollten entwickelte sich als Gegenpol zu einer „ordnungsgemäß disziplinären" wissenschaftlichen Beschäftigung mit Afrika, wie es die Afrikanistik mit ihrerFall zu Fall organisierter „additiv pluridiziplinärer" Ansatz, nämlich die jeweils ad hoc begründete Kombination von verschiedenen methodischen und theoretischen Ansätzen, wie sie eben für verschiedene Wissenschaftsdisziplinen charakteristisch und bestimmend sind. Tatsächlich kommt ein solcher additiver Zugang der latenten Vision einer „alles umfassenden Wissenschaft von Afrika" schon etwas näher. Im deutschsprachigen Raum sprechen wir hier dann von

„Afrikawissenschaften" (stets im Plural!), im englischen und französischen Sprachgebrauch, ebenfalls stets im Plural, von *African Studies* und *Études africaines*. Während also die *Afrikanistik* als autonome Wissenschaftsdisziplin inzwischen auf eine mehr als einhundertjährige Geschichte im deutschsprachigen Raum zurück blickt, sind die *Afrikawissenschaften* (die sich lange noch selbst, in Ermangelung einer eigenen allgemein akzeptierten Bezeichnung, bei uns ebenfalls als „Afrikanistik" bezeichneten) erst im Zuge der Dekolonisierung Afrikas und der Unabhängigkeit der meisten afrikanischen Staaten in den 1960er Jahren nach US-amerikanischem Vorbild entstanden. Immerhin sind sie damit auch schon fast halb so alt wie die *Afrikanistik* selbst. (Auf eine weitere Quelle der Entstehung der *African Studies* in den USA in der Mitte der 1950 Jahre im Zuge der afroamerikanischen Bürgerrechtsbewegung, die sog. *Black Studies*, sei hier nur am Rande verwiesen.)

Mit der üblichen zeitlichen Verzögerung schwappte das kollektive Modell der US-amerikanischen *African Studies* nach Europa und Deutschland, wo es auf die längst etablierte Afrikanistik traf, der es wesenverwandt war. Der große Unterschied war: *Afrikanistik* konnte man studieren und darin einen Abschluss erwerben – nicht so in den *Afrikawissenschaften* (= *African Studies*)! Man blieb, bei allem Forschungsinteresse an Afrika, was man aufgrund seines Universitätsstudiums war: ein Historiker, ein Ethnologe, ein Politologe, ein Wirtschaftswissenschaftler, oder was auch immer – allerdings einer mit einer bis dahin eher unüblichen regionalen Spezialisierung, nämlich auf Afrika (es handelt sich dabei in typischer Weise fast immer ausschließlich um das subsaharische Afrika). „Afrikanist" im etablierten Sinne war man nicht (und wurde von echten Afrikanisten auch nicht als solcher akzeptiert, siehe weiter unten). In der eigenen Fachdisziplin war man ein in unüblicher Weise regional spezialisierter Exot und gehörte zu einer Minderheit weitab vom fachlichen *mainstream*.[4] Es entstand für diese wissenschaftliche Spezies, die sich mutig gleichsam im akademischen Niemandsland zwischen *Afrikanistik* und systematischer Wissenschaft tummelte, die neue Bezeichnung *Afrikawissenschaftler*.

Jetzt hatten wir in Deutschland den redensartlichen Salat. *Afrikanist* oder *Afrikawissenschaftler*: Selbst unter den Betroffenen ist bis heute häufig noch totale Verwirrung angesagt. Manche Afrikawissenschaftler bezeichnen sich selbst als Afrikanisten, weil sie beides, *Afrikanistik* und *Afrikawissenschaften*, im internationalen Kontext – allerdings fälschlich, wie noch zu begründen sein wird – mit *African Studies* über- und gleichsetzen. Außerdem war die „Afrikanistik" zu

---

4   So konnte es passieren, dass man als „Afrikawissenschaftler" bei Übernahme einer Professur in einem systematischen Fach angehalten wurde, die eigene bislang praktizierte regionale Spezialisierung auf Afrika möglichst umgehend wieder aufzugeben!

dem Zeitpunkt schon längst als Wissenschaft etabliert, als sie selbst begannen, sich wissenschaftlich aus eigener fachlicher Perspektive mit Afrika auseinander zu setzen – also brauchte man ja eigentlich eine neue Bezeichnung für das, was man machte. Andererseits haben gestandene „Afrikanisten" mancherorts offenbar auch kein Problem, sich gleichfalls unter „Afrikawissenschaftler" subsumieren zu lassen, denn schließlich zählen zu den *Afrikawissenschaften* ja alle denkbaren wissenschaftlichen Ansätze, sofern es um Afrika geht – warum also nicht auch die *Afrikanistik* selbst?![5] Folglich neigen einige Fachvertreter in beiden Lagern dazu, gar nicht erst zwischen *Afrikanistik* und *Afrikawissenschaften* zu unterscheiden und beides unterschiedslos im z.B. englischen Sprachgebrauch mit *African Studies* gleichzusetzen. Warum diese Gleichsetzung sachlich falsch und daher abzulehnen ist, wird im folgenden noch deutlich werden.

Leider traf es sich zudem, dass in der Folge der ideologisch aufgeheizten gesellschaftlichen und politischen Umbrüche, die, parallel zum Ende des Kolonialismus in Afrika, die späten 1960er Jahre auch in Europa und (West-) Deutschland mit sich brachten, einige der wortführenden sozialwissenschaftlich arbeitenden Afrikawissenschaftler auf die Afrikanisten nicht ohne Arroganz herabblickten (so wurden Afrikalinguisten schon mal als überflüssige „Silbensammler" verspottet), denen sie so pauschal wie polemisch angestaubte museale Interessen vorwarfen und damit genau die „gesellschaftspolitische Relevanz" absprachen, die sie sich selbst schmückend zugute hielten. Die zumal jüngeren Afrikanisten in Deutschland wiederum waren im Gegenzug geneigt, ebenfalls nicht frei von professioneller Arroganz, wiederum die Afrikawissenschaftler – davon wurden die Afrika-Ethnologen in der Regel ausgenommen – gelegentlich als Afrikanisten zweiter Klasse („Feuilleton-Afrikanisten") zu betrachten, weil sie sich Afrika quasi „von Außen" nähern müssen und keinen eigenen direkten Zugang zu afrikanischen Sprachen und Kulturen, dem „richtigen" Afrika, haben – ja, dass sie sich in Afrika nicht einmal ein Bier in irgendeiner afrikanischen Sprache zu bestellen in der Lage wären. Das rivalisierende akademische Geplänkel der 1970er Jahre sollte sich in den Folgejahren zuspitzen und im Einzelfall zu Grabenkämpfen um die „Deutungshoheit" über Afrika führen, die bis heute andauern. Dem gegenseitigem professionellen Respekt und einer gedeihlichen professionellen Zusammenarbeit über Fachgrenzen hinweg ist diese Situation nicht eben dienlich!.

---

5   In Leipzig haben wir zu meiner Zeit versucht, für die Kombination von Afrikanistik + Afrikawissenschaften den in dieser Bedeutung neuen Begriff der „Afrikastudien" einzuführen, der zudem den Vorteil hatte, dem internationalen Terminus *African Studies* sehr nahe zu kommen!

Man könnte dies - hier *Afrikanistik*, dort *Afrikawissenschaften* - als einen unproduktiven Streit um des Kaisers Bart und als unnütze Wortklauberei abtun, gäbe es nicht gute wissenschaftshistorische und -theoretische Gründe im deutschsprachigen akademischen Betrieb, beide Wissenschaftskonzepte, *Afrikanistik* und *Afrikawissenschaften*, von einander getrennt zu halten. Es wäre ein Fall von zweifelhafter intellektueller Bequemlichkeit, die entscheidenden Unterschiede als vermeintlich belanglos zu übergehen. Sie sind durchaus von Belang, wie wir noch genauer ausführen werden. *Afrikanistik* und *Afrikawissenschaften* sind nämlich durchaus unterschiedliche und zugleich komplementäre wissenschaftliche Ansätze, die allerdings aus historischen Gründen nur im deutschsprachigen akademischen Betrieb als solche wahrgenommen werden können, weil es die *Afrikanistik* schon seit mehr als 50 Jahren gab, als bei uns die US-amerikanischen *African Studies* importiert und damit die *Afrikawissenschaften* als Gegenmodell zur etablierten *Afrikanistik* „erfunden" wurden. Entsprechend gibt es eine Reihe von Fachvertretern in beiden Lagern, die auf eine Betonung der relevanten Unterschiede Wert legen – wie wir es auch an dieser Stelle handhaben wollen.

Zum Verständnis dieser etwas komplizierten Sachlage bedarf es eines erklärenden Ausflugs in die Wissenschaftsgeschichte, und dieser soll in den folgenden Abschnitten unternommen werden – beginnend von den frühen Tagen der Afrikanistik als „Kolonialwissenschaft". Es wird dann über die unruhigen Zeiten der „Dekolonialisierung" der Afrikanistik durch die sog. Jungafrikanisten im Umfeld der weltweiten Studentenrevolte des Jahres 1968 nach der erfolgten politischen Unabhängigkeit der meisten afrikanischen Kolonien zu sprechen sein. Schließlich ist der erneute Paradigmenwechsel in den 1990er Jahren anzusprechen, der nunmehr „Sprachen als Ressourcen" betrachtet und der, statt nur die Sprachen selbst, auch und vor allem die soziopolitischen und ökonomischen Lebensumstände ihrer Sprecher in Abhängigkeit von der vorherrschenden sprachlichen Situation stärker in den Blick nimmt.

Die frühe Afrikanistik als „Kolonialwissenschaft"

Halten wir fest: Als Afrika im Zuge der Zuspitzung der imperialen europäischen Kolonialaktivitäten gegen Ende des 19. Jahrhunderts – dem berüchtigten *Scramble for Africa* – stark in das Blickfeld der europäischen Wissenschaft geriet, entstand im deutschsprachigen Raum, genauer: an den Standorten Berlin, Leipzig, Hamburg, aber auch Wien, die *Afrikanistik* als eigenständige Wissenschaft.[6] Sie wurde begründet in der Nachbarschaft der bereits als Wissenschaft etablierten *Orientalistik* und wurde wissenschaftsorganisatorisch zusammen mit dieser der „Deutschen Morgenländischen Gesellschaft" (DMG) zugeschlagen. Die Gründe dafür lagen auf der Hand: Zum einen beschäftigten sich die Orientalisten schon seit längerem mit Sprachen, Kulturen und Geschichte des Nahen, Mittleren und Fernen Orients (in der deutschsprachigen Diktion der Zeit: des „Morgenlandes"), die anderen nun also auch mit den Sprachen und Kulturen Afrikas.[7] Zum anderen hatten viele der neuen „Afrikanisten" einen Ausbildungshintergrund in den sog. orientalischen Sprachen wie z.B. *Alt-Ägyptisch* (so vor allem in der Wiener Tradition), zumeist aber in semitischen Sprachen wie *Alt-Äthiopisch* (*Ge'ez*), *Arabisch, Hebräisch*, ggf. sogar *Türkisch* bzw. *Osmanisch*, etc. Gemeinsam war den „Orientalisten" und „Afrikanisten", dass sie die Sprachen ihrer Forschungsregionen zum Ausgangspunkt für ihre wissenschaftliche Arbeit nahmen und zunächst über die Sprachen die ihnen wichtigen Inhalte und Informationen, etwa über historische, religiös-philosophische und kulturelle Überlieferungen fremder Völker, aus der Kenntnis originalsprachlicher Zeugnisse erschließen mussten. Grundlage dafür war natürlich eine möglichst umfassende Kenntnis der entsprechenden Sprachen. Dies galt unabhängig davon, ob den Wissenschaftlern diese Sprachen auch oder ausschließlich in Form von Schriftdokumenten zugänglich waren, oder ob es sich nahezu ausschließlich um gesprochene Sprachen handelte, die weitgehend oder völlig ohne eigene Schrifttraditionen auskamen.[8] Neben Wien in Österreich waren die drei Gründungs-

---

6   Ein Merkdatum ist hier die sog. Berliner Kongo-Konferenz von 1884/85, die der deutsche Reichskanzler Otto von Bismarck auf internationales Drängen einberufen hatte und die von einer allgemeinen Öffentlichkeit mit der Aufteilung Afrikas durch die Kolonialmächte – quasi mit dem Lineal auf der Landkarte – identifiziert wird. 1885 beginnt zugleich in Berlin der seither regelmäßig angebotene Unterricht in afrikanischen Sprachen, gefolgt von Leipzig (1895) und Hamburg (1909).

7   Mit der „Geschichte" allerdings war das so eine Sache, denn Afrika galt bis dahin – seit langer Zeit und durchaus irrtümlich, wie nicht zuletzt die Afrikanistik durch ihre historischen Sprachstudien nachweisen sollte – als „geschichtsloser" Kontinent. Da im damaligen Wissenschaftsverständnis nur das Wert war wissenschaftlich studiert zu werden, was „Geschichte" hatte, lag bis dahin Afrika weitgehend außerhalb des Interessenhorizonts seriöser abendländischer Wissenschaft. Mit der Einrichtung der Afrikanistik als eben auch historisch arbeitende Sprachwissenschaft begann also gleichsam die Emanzipation Afrikas aus dem „Dunkel" der Vor-Geschichte in das „Licht" der Betrachtung durch die europäische, zumal deutschsprachige, Wissenschaft.

8   Diese frühen Gemeinsamkeiten der Orientalistik und Afrikanistik sollten eine nachlassende Bindungskraft entfalten. In dem Maße, in dem sich die Orientalisten vorrangig mit Schriftdokumenten zumal aus historisch weit zurückliegenden Perioden befassten,

24

standorte der *Afrikanistik* in Deutschland zwischen 1885 und 1909 Berlin, Leipzig und Hamburg. Die junge afrikanistische Wissenschaftskultur an den drei Gründungsstandorten in Deutschland erwies sich als so tragfähig, dass die Niederlage des Deutschen Reiches im Ersten Weltkrieg, die den Verlust der deutschen Kolonien in Afrika, in der Südsee und in China zur Folge hatte, keine negativen Auswirkungen zeitigte – im Gegenteil: Die sog. Schmach von Versailles, insbesondere die als so ehrenrührig wie unzutreffend wahrgenommenen Passagen über den deutschen Kolonialismus im Friedensvertrag von Versailles des Jahres 1919, wurden als Ansporn genommen, sich politisch auf den Wiedergewinn der ehemals deutschen Kolonien zumal in Afrika zu fixieren und auf diesen erhofften nicht allzu fernen Tag wissenschaftlich vorbereitet zu sein. Diese revanchistische Grundhaltung in den sog. Afrikakreisen ab 1919 trübte denn auch deren Blick auf den Nationalsozialismus, war doch die rassistische Herrenmenschen-Ideologie der Nationalsozialisten der patriarchalischen Herrenmenschen-Ideologie zumal des deutschen Kolonialismus wesensverwandt. Und die großdeutsche Imperialismus-Rhetorik der Nazis schien eine Basis anzubieten, auf der man auch über die Rückgewinnung der ehemaligen Kolonien sprechen konnte – auch wenn davon auszugehen war, dass die Nazis den vom sog. Rassenstandpunkt minderwertigen „Negern" und deren Sprachen und Kulturen wenig Achtung und Interesse entgegenbringen würden. So gesehen blieb die deutsche Afrikanistik erstaunlich lange eine „Kolonialwissenschaft", selbst noch nach Ende der relativ kurzen deutschen Kolonialherrlichkeit, nämlich bis zum Ende des Kolonialismus selbst, also bis in die frühen 1960er Jahre. Der explizite Bruch mit dieser Tradition sollte erst im Umfeld der weltweiten Studentenunru-

---

führte die weitgehende Schriftlosigkeit der meisten Kulturen und Gesellschaften in Afrika die Afrikanisten dazu, sich nahezu ausschließlich mit Manifestationen gesprochener Sprache zu beschäftigen, für die sie vielfach erst Formen der „Verschriftlichung" (zunächst Transkriptionen, später ggf. auch Orthographien) entwickeln mussten. Entsprechend deutlich verlor die Afrikanistik in der 2. Hälfte des 20. Jahrhunderts ihre Bindung an die Orientalistik und richtete sich zunehmend an den Paradigmen der modernen Sprachwissenschaft (Linguistik) aus, zumal an strukturalistischen und poststrukturalistischen Theorien und Methoden. Eine bedauerliche Nebenerscheinung dieser in theoretischer wie methodologischer Hinsicht an und für sich begrüßenswerten Entwicklung war, dass bei der „Versprachwissenschaftlichung" der Afrikanistik nach 1960 einige der wichtigen und früh erkannten Forschungskomplexe teilweise verdrängt und marginalisiert wurden, wie z.B. die Frage nach den Literaturen bzw. „Oraturen" in afrikanischen Sprachen und, bis zur Rezeption der in den 1960er Jahren entstehenden Soziolinguistik, die Frage nach der Bedeutung und den Funktionen von Sprachen in den vorkolonialen Kulturen und Gesellschaften Afrikas und hinsichtlich deren Rolle in den neuen unabhängigen Staaten.

hen 1968 und der Generation der sog. „68er" in der deutschen Studentenschaft und unter einigen Nachwuchswissenschaftlern, den sog. Jungafrikanisten, erfolgen.[9]

Die Dekolonialisierung der westdeutschen Afrikanistik ab 1968

Halten wir also weiterhin fest: In der 2. Hälfte des 20. Jahrhunderts, nicht zuletzt in der Folge der zweiten großen Niederlage eines Deutschen Reiches in einem Weltkrieg im Jahre 1945, kommt es zu einem Paradigmenwechsel in der wissenschaftlichen Beschäftigung mit Afrika, die in Deutschland mit einer allgemeinen „Amerikanisierung" vieler Lebensbereiche, darunter der Wissenschaft, einher geht. Parallel zum antikolonialistischen Kampf um Unabhängigkeit in den afrikanischen Kolonien verstärkt sich in den 1950er und 1960er Jahren in den damals noch vielerorts fanatisch rassistischen USA die Bürgerrechtsbewegung der „schwarzen" heute so genannten Afroamerikaner (*African Americans*): Wir erinnern uns an mehr oder minder militante Bewegungen wie *Black is Beautiful*, *Black Power*, *Black Panther Party*, *Black Muslims* und die *Nation of Islam*, und an die Lichtgestalt eines Dr. Martin Luther King. Eine kulturelle und akademische Begleiterscheinung in den USA waren die damals sog. *Black Studies* (die heute eher unter Bezeichnungen wie *Africana Studies, African American Studies, Africanology* etc. firmieren). Dabei handelte es sich um zeitweilig sehr populäre Studienangebote für zumeist Afroamerikaner unter dem Slogan *back to the roots*, die an vielen amerikanischen Universitäten zeitweilig wie Pilze aus dem Boden schossen.[10] Teilweise unabhängig, mitunter in der Nachfolge von allerlei „afrozentrischen" Beweggründen in der *African American community*, entstanden an seriösen Universitäten in den USA die sog. *African Studies* als Konglomerate verschiedener akademischer Disziplinen mit einem Fokus auf Afrika. Bereits 1957 wird die *African Studies Association* (*ASA*) in den USA gegründet. Sie versteht sich als führende nordamerikanische Organisation „*that promotes the study of Africa in all academic disciplines and for* contemporary *practitioners*" (so auf ihrer Website, 21.07.2011). Die Betonung liegt auf *allen*

---

9   Eine umfassende institutionengeschichtliche Darstellung der (westdeutschen) Afrikanistik am Beispiel der Universität Hamburg liefern Meyer-Bahlburg und Wolff (1986), fortgesetzt in Gerhardt et al. (2008).

10   Im amerikanischen Fernsehen lief 1977 und 1979 äußerst erfolgreich die Miniserie *Roots* nach der Romanvorlage von Alex Haley (1976), eine afroamerikanische Familiensaga mit Beginn in der Sklavenzeit in Westafrika, die auch in Deutschland sehr populär wurde.

akademischen Disziplinen. Dieses US-amerikanische Konzept findet in den späten 1960er Jahren seinen Weg nach Europa und Deutschland, wo es als „innovativ" und damit modern, fortschrittlich oder einfach nur angesagt galt (wie ohnehin fast alles, was zu jener Zeit aus den USA kam) und – durchaus irrtümlich! – zugleich auch automatisch im Sinne von „interdisziplinär" verstanden wurde. Dieser Automatismus ist nun aber wissenschaftstheoretisch nicht zwingend, wenn wir *Interdisziplinarität* als genuin „objektorientierten" wissenschaftlichen Zugang definieren, der die Grenzen der beteiligten Einzeldisziplinen von vorneherein und schon in der Fragestellung nach dem gemeinsamen Forschungsobjekt aufhebt. Viel eher zutreffend wäre eine Charakterisierung als *multi-* oder *transdisziplinär.* Dabei würden wir als *transdisziplinär* einen wissenschaftlichen Zugang beschreiben, der die engeren Grenzen der jeweiligen Einzeldisziplin, die den wohldefinierten Ausgangspunkt von Fragestellung, Methodik und Theorie bildet, aus sich heraus bereits überwindet. *Multi-* oder *pluridisziplinär* wäre dagegen das eher additive Konzept zu nennen, das mehrere Einzeldisziplinen und deren spezifische Zugänge zu einem ggf. gemeinsamen Fragenkomplex bündelt und den wissenschaftlichen Gewinn in gegenseitiger Erhellung sucht. Im Sinne dieser Systematik begreift sich die *Afrikanistik* als eine *transdisziplinäre* Einzelwissenschaft, während die *Afrikawissenschaften* als *additive multidisziplinäre* Konglomerate unterschiedlicher Einzeldisziplinen operieren. Unabhängig von der jeweiligen Grundkonstellation sind sowohl *Afrikanistik* als auch *Afrikawissenschaften,* nicht zuletzt auch in Kombination miteinander, wiederum zu echten *interdisziplinären* Forschungsansätzen fähig. Dies gilt in der Theorie; in der Praxis zumal des deutschen Wissenschaftsbetriebs spielen jedoch, eigentlich unverständlich, eher eifersüchtelnde Animositäten und Rivalitäten eine unrühmliche Verhinderungsrolle. Neben vordergründigen individuellen Befindlichkeiten akademischer „Platzhirsche" scheint allerdings im Hintergrund ein genuiner Konflikt um die „Deutungshoheit" über Afrika und damit über einen wissenschaftlichen Primat zu brodeln, etwa entlang einer essentialistischen Argumentationslinie, nach der „Afrika" eigentlich nur von „Innen", d.h. aus seinen historisch gewachsenen Sprachen und Kulturen heraus, quasi hermeneutisch zu erfassen und zu verstehen sei. Wenn dies von außen betrachtet wie eine „typisch deutsche" Angelegenheit aussieht, die in anderen (zumals „westlichen") akademischen Kulturen gar nicht existiert, entspricht dies sogar den Tatsachen: schließlich ist die *Afrikanistik* also solche im deutschen Sprachraum entstanden. Sie wird zwar gern in andere nationale Wissenschaftskulturen von Finnland (Helsinki) bis Südkorea (Hankuk) importiert, nur im Umfeld der „Vorbilder" der *Afrikawissenschaften,* also in den *African Studies* und *Études africaines* im angloamerikanischen und frankophonen Raum, ist dies gerade nicht der Fall.[11] Wer bereits *African Studies* hat und organisiert, braucht anscheinend keine *Afrikanistik* und verortet die Beschäftigung mit afrikanischen Sprachen in der Allgemeinen Sprachwissenschaft (wie in den USA) oder an orientalistischen Hochschulen (wie in Frankreich). Und wer das deutschsprachige transdisziplinäre *Afrikanistik*-Modell importiert oder kopiert, versteht darunter ohnehin ein trans- und pluridisziplinäres Konzept, das dem der genuinen *African Studies* wiederum sehr nahe kommt (wie in Südkorea)! Das historisch gewachsene und wissenschaftssystematisch begründete Nebeneinander von *Afrikanistik* und *Afrikawissenschaften* ist also tatsächlich eine „typisch deutsche" Angelegenheit – mit all ihren Vor- und Nachteilen.

Aber zurück zur weiteren Entwicklung der Afrikanistik unter den Vorzeichen der Dekolonisierung und politischen Unabhängigkeit Afrikas. Zunächst entstand vor diesem Hintergrund in den Zeiten des gesellschaftlichen und wissenschaftlichen Umbruchs bei uns, der von der Generation der sog. 68er an den Universitäten getragen war, tatsächlich die Vision einer *interdiziplinären Afrikanistik*, die mit den kolonialwissenschaftlichen Traditionen explizit brach und als attraktive und idealisierte Zielvorstellung bis heute lebendig ist. Nicht ohne Grund war im Juli 1969 die erste Jahrestagung der frisch gegründeten „Vereinigung von Afrikanisten in Deutschland (VAD)" dem Modellprojekt einer „interdisziplinären Afrikanistik" gewidmet.[12] Entsprechende konkrete Umstrukturierungen im akademischen Betrieb an westdeutschen Universitäten im Sinne dieser neuen Vorstellungen blieben jedoch Utopie. Es siegte die Macht des Fakti-

---

11 Es ist hier von Interesse anzumerken, dass das spezifische deutschsprachige Afrikanistikkonzept im französischen Sprachgebrauch denn auch als *africanisme allemand* firmiert und nicht als *études africaines*! In vergleichbarer Weise wäre es ins Englische zutreffender als *African linguistics* zu übersetzen, wiewohl bei dieser Übersetzung der inhärente transdisziplinäre Charakter des Originalkonzepts nicht zum Ausdruck käme, und die daher von überzeugten Afrikanisten auch nur zögerlich als bestgeeignete Übersetzung akzeptiert wird.

12 Das programmatische Thema der Tagung lautete „Probleme und Möglichkeiten interdisziplinärer Zusammenarbeit innerhalb der afrikanistischen Wissenschaften"; dere daraus resultierende Tagungsband trug den Titel „Probleme interdisziplinärer Afrikanistik" (1970). Rückblickend bezeichnend erscheint, dass noch 1969/70 einige der wortführenden jüngeren Vertreter der Afrikanistik es für nicht opportun hielten, einen Text als quasi Vorwort in die Veröffentlichung des ersten Tagungsbandes der VAD aufzunehmen, der die bis dahin zu konstatierende Nähe der traditionellen deutschen Afrikaforschung zur Idee und Praxis des Kolonialismus kritisch beleuchtete (Norbert Cyffer, Günter Rusch, Wilhelm Seidensticker und Ekkehard Wolff: „Überlegungen zum Stand der afrikanistischen Wissenschaften – eine Einleitung").

schen, also die beharrende Akzeptanz des Primats der bestehenden Einzeldisziplinen, also die sog. Fach-Egoismen, und so entstanden in der „alten Bundesrepublik" (bzw. „Westdeutschland") die Idee und das Selbstverständnis von den „Afrikawissenschaften", die sich *multidisziplinär* und als von der klassischen *Afrikanistik* durchaus verschieden definierten.

Die inter- und multidisziplinäre Öffnung der Afrikanistik wurde ursprünglich von einer Initiativgruppe sog. Jungafrikanisten aus Hamburg, Köln und Leiden betrieben, die sich mit ihren Forschungs- und Diskursinteressen im Rahmen der *Deutschen Morgenländischen Gesellschaft* (DMG) und deren traditioneller Kongressreihe „Deutscher Orientalistentag" nicht heimisch fühlten, und die in der Gründung einer unabhängigen „Vereinigung von Afrikanisten [sic!] in Deutschland e.V. (VAD)" mündete.[13] Diese VAD wurde für alle Kultur- und Sozialwissenschaftler geöffnet, die einen wissenschaftlichen Bezug zu Afrika nachweisen konnten, später im Einzelfall sogar für „Gesinnungsafrikanisten" ohne hinreichende wissenschaftliche Qualifikation, wie Kritiker bemängelten. Die Begründung einer eigenen Tagungsreihe („Afrikanistentag") verstand sich dabei als bewusste Trennung von den Strukturen der überkommenen Wissenschaftsorganisation im Rahmen der DMG. Schon bald aber sollte ein kaum zu überbrückender systemischer Gegensatz zwischen Afrikanistik und Afrikawissenschaften in der VAD aufbrechen und zu einer steigenden Entfremdung führen. Konsequent firmiert die VAD inzwischen denn auch als „Vereinigung für Afrikawissenschaften [sic!] in Deutschland e.V.". Die Afrikanisten ihrerseits sind heute in einem eigenständigen „Fachverband Afrikanistik" organisiert.

Damit hat die deutschsprachige Wissenschaftsgemeinde, die sich professionell mit Afrika beschäftigt, ihre Doppelstruktur auch in ihrem Selbstverständnis manifestiert und institutionalisiert. Auf internationalem Parkett ist die Lage ähnlich: Nur wenige Afrikanisten, im Gegensatz zur Mehrzahl der Afrikawissenschaftler, rechnen sich der Klientel der *African Studies Association (ASA)* in den USA zu. Seit Anfang der 1990er Jahre gibt es daher auch die Institution des *World Congress of African Linguistics (WOCAL)*, der – nach seiner betont transdisziplinären fachlichen Ausrichtung – in deutscher Lesart ein „Weltkongress der Afrikanistik" ist. Aus all diesem leitet sich nunmehr auch die Aufforderung ab, im internationalen Sprachgebrauch konsequent zwischen *African*

---

13 Diese Initiativgruppe deckt sich nicht zufällig weitgehend mit den Autoren einer ersten „modernen" deutschsprachigen Einführung in die Arbeitsgebiete der postkolonialen Afrikanistik, die unter dem Titel *Die Sprachen Afrikas* einige Jahre später im Helmut Buske Verlag, Hamburg, erschienen ist (Heine/Schadeberg/Wolff 1981).

linguistics bzw. „Afrikanistik" und *African Studies* bzw. „Afrikawissenschaften" zu unterscheiden.

Ein interessantes und terminologisch abweichendes Beispiel lieferte die Universität Bayreuth, die sich in den 1970er Jahren im Rahmen einer Umstrukturierung ein umfassendes Afrika-Profil gab und dies, mangels damals klarer Begriffslage, unter der umständlichen Bezeichnung „Afrikanologie" firmieren ließ. In der ehemaligen DDR entwickelten sich, parallel dazu, die Dinge ein wenig anders – dazu weiter unten.

Zwischen Dialog und Rivalität: Afrikanistik und Afrikawissenschaften in Deutschland

Die beiden zeitversetzten Entwicklungen, die zunächst zur Etablierung der *Afrikanistik*, später dann zur Idee von den *Afrikawissenschaften* führten, haben nun in Deutschland eine besondere Situation geschaffen. Hier haben wir es heute mit zwei verschiedenen wissenschaftlichen Zugängen zu Afrika zu tun, bei deren Bezeichnungen jedoch immer noch größte Verwirrung herrscht: So wird im Falle der ehemals kolonialwissenschaftlich verhafteten *Afrikanistik* heute mitunter von der „klassischen" oder „eigentlichen" *Afrikanistik* oder gar der *Afrikanistik* „im engeren Sinne" gesprochen. Die Übernahme des US-amerikanischen Modells, also das, was wir hier als *Afrikawissenschaften* (= *African Studies*) bezeichnen, wird dann im Gegensatz dazu auch gerne als *Afrikanistik* „im weiteren Sinne" oder gar als „moderne" *Afrikanistik* (so in der ehemaligen DDR an der temporär in „Karl Marx Universität" umbenannten Universität Leipzig) apostrophiert. Mitunter erhält diese Angelegenheit, also der Gegensatz von *Afrikanistik* und *Afrikawissenschaften*, im wissenschaftspolitischen Diskurs auch eine provozierende Schärfe, mit der sich selbsternannte akademische Platzhirsche allzu brünftig gebärden: Da wird dann schnell einmal die klassische *Afrikanistik* zu einer esoterischen und angestaubten „nationalen" Eigenart des deutschen Wissenschaftsbetriebs abqualifiziert, während das amerikanische Vorbild *African Studies* zum Inbegriff einer modernen „internationalen" Wissenschaftskonzeption gerät, welch letztere wiederum von der anderen Seite hämisch-arrogant als akademisches *fast food* belächelt wird.[14] Außenstehende verlieren bei diesen

---

14   Jenseits aller wohlfeilen Polemik, die gelegentlich aus beiden Lagern zu hören ist: Sicherlich läuft die Afrikanistik mitunter Gefahr, im Begriffsdschungel einer modernistischen Theorie-fokussierten Linguistik ins Nirvana einer ans Esoterische grenzenden abstrakten Modelldiskussion abzuleiten, und natürlich ist sie historisch gesehen eine zunächst einmal deutsch(sprachig)e Angelegenheit, auch wenn sie längst in viele Länder außerhalb Deutschlands und Österreichs exportiert wurde und damit „internationali-

fach-internen Auseinandersetzungen ganz schnell den Überblick, und abgeklärte Insider fragen sich kopfschüttelnd, ob die Kollegen denn nicht wichtigere Dinge in Forschung und Lehre zu erledigen haben.

Man könnte darüber entspannt zur Tagesordnung übergehen, wenn es sich nur um eine Frage von verschiedenen Bezeichnungen für dieselbe Sache handelte. Was aber, wenn es um grundlegend unterschiedliche Konzeptionen bzgl. der wissenschaftlichen Beschäftigung mit Afrika ginge? Andersherum gefragt: Können *Afrikanisten* in aller Regel etwas, was *Afrikawissenschaftler* in aller Regel nicht können? Diese Frage ist nämlich uneingeschränkt mit „ja" zu beantworten! Wenn dem so ist, dann müssen *Afrikanistik* und *Afrikawissenschaften* in der Tat deutlich von einander geschieden werden. Genau deswegen ist es aufschlußreich, einen kurzen kontrastiven Blick auf die Wissenschaftsgeschichte und Wissenschaftsorganisation zu werfen und dabei die fachlichen Unterschiede klar herauszuarbeiten.

Wir fassen dazu zusammen: *Afrikanistik* ist demnach diejenige akademische Disziplin mit eigenständigen universitären „Instituten" bzw. „Seminaren" oder „Abteilungen" im deutschsprachigen Raum, die ihre Forschungen und akademische Lehre auf primär sprachwissenschaftlicher Grundlage betreibt. Hier sind zuallererst die drei deutschen Gründungsinstitute mit spezialisiertem festangestelltem Personal an den Universitäten in Berlin (seit 1887) und Leipzig (seit 1900), sowie am „Kolonialinstitut" in Hamburg (seit 1909, seit 1919 Universität) angesprochen. Nach 1956 kommen die folgenden Universitätsstandorte hinzu: Köln, Frankfurt a.M. (vormals Marburg), Mainz, Bayreuth. „Echte" Afrikanisten haben dann auch in der Regel einen Universitätsabschluss im Fach *Afrikanistik* von einer der genannten sieben Universitäten oder von der Universität Wien, wenn wir den gesamten deutschsprachigen Raum einbeziehen. (Vergleichbare Universitätsinstitute und -abschlüsse gibt es inzwischen auch im europäischen und außereuropäischen Ausland, erwähnt seien nur London, Leiden,

---

siert" ist. Der Anwurf einer „nationalen" Begrenzung trifft die Afrikanistik schon lange nicht mehr. Den Afrikawissenschaften wiederum droht mitunter die Gefahr der „Feuilletonisierung" aufgrund von Verflachungen bei der Behandlung von komplexen Fragen und Problemen, bei der die Maßstäbe seriöser Fachwissenschaft gelegentlich außer Kraft gesetzt werden, indem allzu schwierige Anforderungen (wie etwa bzgl. Statistik und Linguistik) gar nicht oder nur unangemessen berücksichtigt werden. Und sicher hat das *African Studies* Konzept, von den USA ausgehend, eine vergleichsweise breite internationale Verbreitung, vor allem auch in Westeuropa, erfahren. „Moderner" sind die Afrikawissenschaften aber deswegen sicherlich nicht, nur jünger; und „international" rezipiert sind beide, nicht zuletzt ausweislich ihrer spezifischen weltweiten Kongress- und Publikationsreihen.

Paris, Neapel, Helsinki, Warschau, Prag, St. Petersburg, Moskau, Beijing, Hankuk, Tokyo und ggf. andere.)

Afrikawissenschaften hingegen ist die sich nach 1968 nur langsam etablierende Bezeichnung für alle kultur- und sozialwissenschaftlichen Disziplinen mit aktuellem Forschungsbezug zu Afrika, die – anders als die *Afrikanistik* – kein eigenes Fach bilden und daher in der Regel auch über keine eigenständigen Institute oder Seminare an Universitäten verfügen.[15] In diesem Sinne betreiben studierte Ethnologen, Politologen, Soziologen, Historiker und ggf. Wirtschaftswissenschaftler angelegentlich oder auf Dauer auch *Afrikawissenschaften*, neben ihrem eigentlichen Fach. Entsprechend haben Afrikawissenschaftler auch keinen universitären Abschluss in *Afrikawissenschaften*, denn ein solches Fach gibt es nicht, noch einen in *Afrikanistik*, denn sonst wären sie ja „echte" Afrikanisten! Aufgrund ihres Studienabschlusses sind und bleiben sie eben, formal gesehen, Ethnologen, Politologen, Soziologen, Historiker oder ggf. Wirtschaftswissenschaftler, die – so ein gern von ihnen selbst verwendetes Attribut – „regionalwissenschaftlich", d.h. auf Afrika (in der Regel auch nur das sog. subsaharische Afrika) bezogen, arbeiten.[16]

In der ehemaligen DDR geschieht im Zuge einer mächtigen Universitätsreform nach 1960 etwas Neues: Die im Prinzip in Leipzig zu konzentrierende *Af-*

---

15 Aber auch hier greift die begriffliche Verwirrung Raum: So verwendet seit erst allerjüngster Zeit der Institutsname der traditionellen Afrikanistik an der Universität Wien offiziell die Eigenbezeichnung „Afrikawissenschaften", wohl um eine gewisse Abkehr vom als dominant empfundenen Anspruch der bislang vorherrschenden sprachwissenschaftlichen und philologischen Orientierung zu dokumentieren. An den ehemaligen DDR-Universitäten in Berlin und Leipzig firmieren in ihrer Multidisziplinarität ähnlich strukturierte Institute einmal als „Afrikawissenschaften" (Berlin), ein andermal wieder als „Afrikanistik" (Leipzig). Dies führte in Leipzig zu einer tautologischen Blüte, wenn in Prüfungsdokumenten das traditionelle Fachgebiet Afrikanistik nun als „Afrikanistik (Sprachwissenschaft)" näher spezifiziert werden musste, um es von anderen afrikawissenschaftlichen Ausrichtungen, z.B. mit kulturhistorischen, ökonomischen oder politikwissenschaftlichen Schwerpunkten, zu unterscheiden.

16 In jüngster Zeit, in Verbindung mit dem sog. Bologna-Prozess an deutschen Universitäten, wird nun allerdings die bislang vorherrschende Bindung von ersten Universitätsabschlüssen an etablierte Fachdisziplinen problematisiert und vielerorts im Sinne „fächerübergreifender" B.A.-Studienangebote aufgehoben. Dies gilt besonders für sog. Regionalwissenschaften. Ob dieser Prozess geeignet ist, in der Folge die systemwissenschaftlich relevante Scheidung von Afrikanistik und Afrikawissenschaften zu neutralisieren, bleibt ebenso abzuwarten wie die Antwort auf die Frage, ob sich die Abkehr von solider Grundausbildung bezüglich fachwissenschaftlicher Methodik und Theorienbildung in den sog. Regionalwissenschaften als tragfähig erweist.

rikanistik wird, unter sozialistischem Selbstverständnis und mit politischer Ausrichtung auf den sog. antiimperialistischen Freiheitskampf der afrikanischen Völker, neubegründet und in einer neuen Organisationsform unter einem Dach mit einer Reihe von Afrika- und Orientwissenschaften verbunden.[17] Es entsteht zwischen 1960 und 1968 an der damals als Karl-Marx Universität firmierenden Universität Leipzig, die sich durchaus auch als linientreue Kaderschmiede verstand, eine „Sektion Afrika- und Nahostwissenschaften". Nach der sog. Wende infolge der deutschen Wiedervereinigung setzt sich im Prinzip das westdeutsche System der Wissenschaftsorganisation auch in den neuen Bundesländern durch. Die Afrika-bezogenen Wissenschaften, reduziert auf drei Professuren, bilden eine neue Einheit: In Leipzig das *Institut für Afrikanistik* (seit 1993), an der Humboldt-Universität in Berlin das *Seminar für Afrikawissenschaften* im Rahmen eines *Instituts für Asien- und Afrikawissenschaften*. Damit ist die Verwirrung offiziell, denn die Leipziger *Afrikanistik* und die Berliner *Afrikawissenschaften* sind fast deckungsgleich: In Leipzig wie in Berlin ist der „Lehrstuhl" (in veralteter Terminologie: das „Ordinariat") den afrikanischen Sprachen und ihrer Erforschung vorbehalten und sind entsprechend mit echten Afrikanisten besetzt, daneben gibt es jeweils zwei weitere Professuren (veraltet: „Extraordinariate") für Afrikawissenschaftler unterschiedlicher Couleur: in Berlin jeweils eine für die Geschichte und für die Literaturen Afrikas, in Leipzig für Geschichte/Kulturgeschichte und für Politik/Wirtschaft.[18]

In der ehemaligen Bundesrepublik („Westdeutschland") gab es nach 1968 ähnliche Bestrebungen, nämlich auch dort die *Afrikanistik* multi- und im Idealfall interdisziplinär zu öffnen, allerdings ohne dass dies, wie bereits erwähnt, zu nachhaltigen strukturellen Veränderungen in der Wissenschaftsorganisation an Universitäten geführt hätte. Ein illustratives Beispiel für die unterschiedlichen Konzeptionen in Ost und West ist die Tatsache, dass die Professur, die der Geschichte Afrikas gewidmet ist, in Hamburg, also im „Westen", bei den Historikern verankert ist (Fachbereich *Geschichte*: Arbeitsbereich *Außereuropäische Geschichte*), während in Leipzig und Berlin, also im „Osten", diese Professuren

---

17 Eine Würdigung des speziellen Beitrages der Leipziger Afrikanistik zur Erforschung afrikanischer Sprachen und Literaturen findet sich bei Geider (2009). Die in (Ost-) Berlin verbliebenen Afrikanisten fristeten in der DDR bis zur „Wende" ein eher nur geduldetes Dasein im Schatten von Leipzig.

18 Die Beschäftigung mit afrikanischen Literaturen wurde in Leipzig dem Beritt des primär sprachwissenschaftlichen Afrikanistik-Lehrstuhls zugeschlagen, wiewohl es vor der sog. Wende auch hier eine eigene Professur für Afrikanische Literaturen gab.

ganz natürlich bei der *Afrikanistik* (Leipzig) bzw. den *Afrikawissenschaften* (Berlin) angesiedelt sind.

Es ist also viel mehr als nur ein Spiel mit Begriffen und Bezeichnungen: Afrikanistik und Afrikawissenschaften unterscheiden sich beträchtlich in Bezug auf ihre immanente wissenschaftssystematische Ausrichtung, d.h. in Bezug auf Objektbereich, Theorie und Methodik. Dies wollen wir im Folgenden noch etwas näher ausführen.

Im Fokus der Afrikanistik: Sprache(n) in Afrika

Die *Afrikanistik* ist ein eigenständiges akademisches Fach auf linguistischer und philologischer Grundlage. Als *linguistische* Disziplin ist ihr Forschungsobjekt primär die gesprochene menschliche Sprache, d.h. sie beschäftigt sich vorrangig mit der Aufnahme, Verschriftlichung, Beschreibung und dem Vergleich von „natürlichen Sprachen" (im Gegensatz zu z. B. künstlichen Sprachen, Maschinen- und Programmiersprachen, usw.), von denen es in Afrika etwa 2000 verschiedene gibt. In besonderen Teildisziplinen beschäftigt sie sich mit Sprachsystemen (*Systemlinguistik, Sprachtypologie*), Sprachvarietäten und Sprachgebrauch (*Soziolinguistik, Pragmalinguistik/linguistische Pragmatik*), kulturspezifischer Sprachverwendung (*Ethnolinguistik*), Spracherwerb (*Psycholinguistik*) und Sprachgeschichte (*Historiolinguistik*), in jüngerer Zeit treten verstärkt auch *kognitionswissenschaftlich* orientierte Fragestellungen hinzu. In ihrer *philologischen* Ausrichtung bilden ihr Forschungsobjekt afrikasprachliche Texte in mündlicher und schriftlicher Überlieferung. Die besonderen Anforderungen der weitgehend schriftlosen, d.h. allein mündlichen („oralen") Überlieferung in Afrika haben zur Herausbildung eines besonderen Teilgebiets, der *Oralistik*, geführt. Anders ausgedrückt: Die *Oralistik* ist eine spezifisch afrikanistische Literaturwissenschaft auf der Basis ausschließlich oder weitgehend oral überlieferter kultureller und historischer Traditionen, der sog. *Oraturen*.

Zur Veranschaulichung können wir die klassisch breite Aufgabenstellung der *Afrikanistik* wie folgt schematisieren, ausgehend vom primären Forschungsobjekt „Sprache(n) in Afrika":

SPRACHE(N) IN AFRIKA

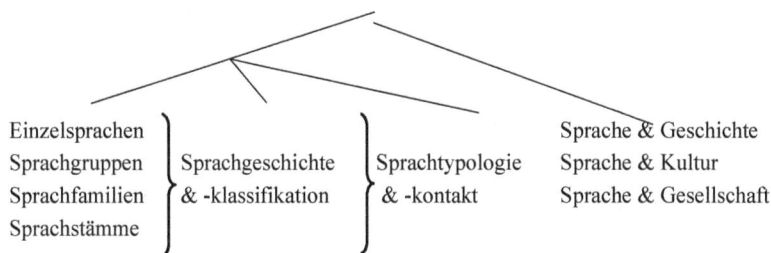

```
                          SPRACHE(N) IN AFRIKA
                 _____
                /        /    \
               /        /      \
              /        /        \
Einzelsprachen  ⎫                    ⎫     Sprache & Geschichte
Sprachgruppen   ⎬ Sprachgeschichte   ⎬ Sprachtypologie   Sprache & Kultur
Sprachfamilien  ⎰ & -klassifikation  ⎰ & -kontakt        Sprache & Gesellschaft
Sprachstämme    ⎭                    ⎭
```

Diagramm 1: Primäre Forschungsfelder der Afrikanistik

Zunächst ist die Benennung des Forschungsobjekts in seiner doppelten Lesart zu erkennen: Es geht sowohl um SPRACHE in Afrika, d.h. um die allgemeine Bedeutung und Wahrnehmung des Phänomens „Sprache" in afrikanischen Gesellschaften und Kulturen, als auch – im Prinzip – um jede einzelne der so zahlreich in Afrika anzutreffenden SPRACHEN in ihrem jeweiligen historischen, gesellschaftlichen und kulturellen Umfeld.

Das Diagramm veranschaulicht weiterhin, dass sowohl *Einzelsprachen* als auch *Sprachgruppen*, die ggf. zwischen zwei und 10 oder mehr eng „verwandte" Sprachen umfassen, oder ganze *Sprachfamilien* mit bis zu einigen Hundert verwandten Sprachen, ggf. sogar darüber hinausgehende sprachgenealogische Einheiten (*Makrofamilien* oder *Sprachstämme*, die mehrere Sprachfamilien umfassen), im Zentrum der Untersuchungen stehen können.

Sprachen müssen als eigenständig entdeckt, identifiziert, dokumentiert und beschrieben werden – dies ist das Arbeitsgebiet der *deskriptiven* oder auch *Systemlinguistik*. Alle menschlichen Sprachen haben Geschichte, sie haben sich aus älteren (und keinesfalls notwendigerweise „primitiveren" – eher im Gegenteil!) Sprachzuständen weiterentwickelt, haben Elemente aus anderen Sprachen übernommen oder sich mit anderen Sprachen vermischt, oder sind längst erloschen und damit „ausgestorben". Dennoch können ihre ursprünglichen Verwandtschaftsverhältnisse erforscht und belegt werden; wir sprechen im internationalen Sprachgebrauch von *genetischer* bzw. *genealogischer Verwandtschaft* von Sprachen. Dies sind wesentliche Themen der Sprachgeschichtsforschung, wie sie von der historischen und vergleichenden Sprachwissenschaft (*Historiolinguistik, Komparatistik*) betrieben werden. Eine genaue Kenntnis dieser Verwandtschaftsverhältnisse schlägt sich dann in den sog. *genealogischen Sprachklassifikationen* nieder, nach denen einzelne Sprachen oder Sprachgruppen, wie in einem Familienstammbaum, nach der Nähe und Ferne ihrer historischen Beziehungen zugeordnet werden. Auf der untersten Ebene der am engsten verwandten Sprachen haben wir es dann beim Vergleich mit Aufgaben der *Dialektologie* zu tun.

Unabhängig von ihrer genealogischen Verwandtschaft in Anlehnung an das Modell des Familienstammbaums weisen Sprachen mehr oder minder zufällige Ähnlichkeiten und Unähnlichkeiten auf. Einige davon sind durchaus häufig in den Sprachen der Welt verbreitet, andere dagegen sind eher selten, manche sind – nach heutigem Kenntnisstand – sogar von überwältigender Seltenheit. Dies ist das Arbeitsgebiet der *Sprachtypologie*. Die Sprachtypologie untersucht also Ähnlichkeiten und Unähnlichkeiten in Sprachen über die genealogischen Grenzen ihrer verwandtschaftlichen Beziehungen hinweg, im internationalen Sprachgebrauch gern als *cross-linguistic typology* bezeichnet. Ein besonderes Augenmerk richtet sich dabei auf Konvergenzphänomene von räumlich benachbarten Sprachen, die als genealogisch nicht verwandt gelten, und die als Bündel sog. *arealer Merkmale* zum Entstehen von „Sprachbünden" führen. Dies sind Aufgaben der afrikanischen *Kontaktlinguistik* oder auch *Areallinguistik*.

Angesichts der Tatsache, dass in Afrika vor-koloniale schriftliche Dokumente eher selten und auch nur regional oder in zeitlicher Tiefe sehr begrenzt zur Verfügung stehen, versagt bei der Aufhellung der afrikanischen Geschichte die klassische „Geschichtswissenschaft" auf breiter Front. Daher ist die Erforschung der afrikanischen Vor-, Früh- und Zeitgeschichte ganz wesentlich auf Hilfestellungen in Form von Daten und deren Interpretationen aus anderen Wissenschaften angewiesen, wie z. B. Archäologie, Ethnologie, Sprachwissenschaft und Oralistik. Die vergleichsweise exakte *Historiolinguistik* funktioniert auch in Abwesenheit älterer Sprachdokumente und eignet sich zur Ableitung von historischen Hypothesen, etwa über Wanderungen und Kontaktszenarien von Bevölkerungsgruppen, die mit rekonstruierbaren Sprachen assoziiert werden können. Dies ist das Arbeitsfeld *Sprache & Geschichte*. Hinzu kommt die Analyse und Interpretation mündlicher Überlieferungen, die die *Oralistik* bereit stellt. Mit *Sprache & Kultur*, also etwa den kulturspezifischen Sprachverwendungsmustern, z. B. bei rituellen Handlungen oder auch in der traditionellen Sprachkunst (Oratur) und in den modernen Populärkulturen (Musik, Film, Fernsehen, Internet etc.), beschäftigt sich die *Ethnolinguistik*.

Wenn es um Gebrauch, Status und Funktionen von Sprachen in der Gesellschaft, zumal in einem mehrsprachigen Kontext, geht – also etwa bei Gericht, in der Politik, in den Medien, im Bildungssystem, im Gesundheitswesen, generell auf Ämtern, aber auch im Kreise von Familie und Freunden, am Arbeitsplatz, etc. –, dann befinden wir uns im breiten Arbeitsfeld der *Soziolinguistik*, deren Kerngebiet, in zwei mitunter als komplementär angesehenen Perspektiven, im internationalen Sprachgebrauch sowohl als *language and society* als auch als *language in society* apostrophiert wird.[19] In der *Angewandten Soziolinguistik* beschäftigen wir uns dann mit weitergehenden Fragen nach der Rolle und den Funktionen und Gebrauchsmustern von Sprachen bei der Modernisierung der Gesellschaften und der Förderung der wirtschaftlichen Entwicklung, bei der Armutsbekämpfung, etc., also im Wesentlichen mit Fragen im Zusammenhang von Sprache und „Entwicklung" in Afrika. Hier kommt das neue Forschungsparadigma von *Sprache als Ressource* zu Tragen, bei dem es nicht mehr darum geht, SPRACHE *per se* als Forschungsobjekt zu definieren, sondern darum, die Frage zu beantworten, in welcher Weise SPRACHE ihren Sprechern zu einer Veränderung ihrer Lebensumstände verhelfen kann.

Diese Arbeitsbeschreibung afrikanistischer Forschung macht eine Besonderheit dieser Wissenschaftsdisziplin mehr als deutlich: Wir haben es einerseits mit einem engeren „disziplinären" Ansatz zu tun, bei dem die etablierte *Allgemeine und Vergleichende Sprachwissenschaft* als quasi „Mutterwissenschaft" die Lieferantin für Theorie und Methodik abgibt. Darüber hinaus ist die *Afrikanistik* von Beginn an transdisziplinär angelegt, d.h. sie blickt – bildlich gesprochen – über den Tellerrand der Sprachwissenschaft hinaus. Dies ist immer dann der Fall, wenn es um die Bearbeitung von Schnittstellen zwischen Linguistik und benachbarten Kultur- und Sozialwissenschaften, wie z.B. Soziologie, Politologie, Ökonomie, Ethnologie, Literaturwissenschaft, Theologie, Kulturgeschichte etc. geht. Dieser transdisziplinäre Ansatz ist ein Markenzeichen schon der frühen, damals noch kolonialwissenschaftlich verbandelten *Afrikanistik*. Eine ihrer Führungsfiguren, Diedrich Westermann (1875-1956), hat dieses aufregende Wissenschaftskonzept ganz offensiv, wenn auch zu seiner Zeit noch unverhohlen mit kolonialpolitischen Zielstellungen, propagiert. Es ist später unter dem Begriff der „Westermannschen Gesamtafrikanistik" bekannt geworden.[20]

---

19   Einige Autoren legen Wert darauf, je nach Perspektive zwischen *Soziolinguistik* und *Sprachsoziologie* zu unterscheiden. Für viele Autoren ist dies allerdings nur eine Frage, ob sich ein gelernter Linguist oder eine gelernter Soziologe mit im Wesentlichen ähnlichen oder gar denselben Fragen beschäftigt. In der Regel lässt sich an Fachtexten schnell erkennen, ob sich hier ein Linguist oder ein Soziologe zum Objektbereich Sprache und/in Gesellschaft äußert.

20   Die sog. Westermannsche Gesamtafrikanistik nimmt in gewisser Weise die additive Grundidee der späteren Afrikawissenschaften vorweg, allerdings bleibt bei ihm die Beschäftigung mit den afrikanischen Sprachen ein zentrales Anliegen. Die disziplinären Eckpfeiler seiner später als „Gesamtafrikanistik" bezeichneten Vision waren die Sprachwissenschaft, die Völkerkunde, und die Geschichte. Aus heutiger Sicht könnten wir sagen, dass Westermann eine Art Kombination von *Afrikanistik* und zumindest ei-

Wozu braucht man Afrikanisten?

Kommen wir auf die weiter oben gestellte Frage zurück: Was kann ein Afrikanist, was ein Afrikawissenschaftler nicht kann? Hier ist die Antwort: Afrikanisten sind zuallererst Sprachwissenschaftler und in der Person des Einzelforschers in der Regel fast automatisch transdisziplinär ausgerichtet, z.B. durch die Kombination der Haupt- und Nebenfächer während des Studiums.[21] Für gelernte Kultur- und Sozialwissenschaftler gilt die Umkehrung im Sinne einer regelmäßigen Einbeziehung einer linguistischen Komponente nicht: Weder die systematische Soziologie, Politologie oder Ökonomie, auch nicht die Geschichtswissenschaften, verlangen eine angemessene Beherrschung linguistischer oder philologischer Kenntnisse oder Fähigkeiten! Man könnte mit polemischem Zungenschlag sagen: dazu seien sie viel zu „eurozentrisch" ausgerichtet, d.h. primär an heimischen Verhältnissen orientiert, und dazu wiederum bedarf es keiner besonderen linguistischen Ausbildung. Einzig die moderne Ethnologie bildet – in Einzelfällen – eine Ausnahme wenn sie verlangt, dass angehende Ethnologen mindestens eine der im Forschungsgebiet bedeutsamen Sprachen praktisch (!) erlernen müssen.[22] Anders und salopp ausgedrückt: Afrikanisten sind mit der Pluralität und

---

nigen der heutigen *Afrikawissenschaften* vorschwebte – er konnte das allerdings zu seiner Zeit natürlich nicht in dieser Terminologie formulieren!

21 Bevorzugte Neben- oder Zweitfächer für angehende Afrikanisten waren in der Vergangenheit, neben Linguistik und/oder Phonetik, häufig Ethnologie, Soziologie, Politologie, seltener Erziehungswissenschaft und/oder Religionswissenschaft, gern auch etablierte Philologien wie Germanistik [Deutsch als Fremdsprache], Romanistik, Anglistik, etc..

22 Von einer irgendwie gearteten allgemein-linguistischen Kompetenz ist aber auch bei den modernen Ethnologen nicht die Rede. Hier zeigt sich, wie so oft, ein grundsätzliches Missverständnis bei Außenstehenden: Auch wenn Afrikanisten in der Regel die eine oder andere afrikanische Sprache auch praktisch beherrschen, so ist dies doch nur ein – zweifellos überaus nützliches! – Nebenprodukt ihrer Ausbildung. Entscheidend ist das wissenschaftliche *Knowhow* der theoretischen und angewandten Sprachwissenschaft: Wichtig ist das Verständnis der umfassenden Bedeutung von Sprache und Sprachverwendung in menschlichen Gesellschaften. Die praktische Kenntnis einer afrikanischen Sprache macht noch lange keinen Afrikanisten! (Wer Englisch beherrscht ist ja auch noch kein Anglist, ebenso wie der Besitz eines Führerscheins jemanden noch lange nicht als Kfz-Ingenieur ausweisen kann.) Wenn, wie gelegentlich geschehen, der Vorschlag gemacht wird, bestehenden „Afrikawissenschaften" durch die Einführung von praktischen Sprachkursen (Swahili, Hausa, Bambara, etc.) ein schärferes „afrikanistisches Profil" zu geben, beweist dies nur, wie immer wieder die Afrikanistik auf „Sprachenlernen" reduziert wird un wie wenig auch in breiten akademischen Kreisen bekannt ist, was die Afrikanistik wirklich ausmacht!

Diversität der afrikanischen Realitäten bzgl. Sprachen und Kulturen bestens vertraut und wissen, wie die Menschen in Afrika damit alltäglich umgehen und ggf. wie sie in dieser Hinsicht „ticken". Afrikawissenschaftler sind genau dies in der Regel nicht und bleiben daher häufig auf gefilterte Informationen sprachlicher und kultureller *assimilados* angewiesen, also etwa Taxifahrer, Hotelpersonal, Regierungsangestellte, ausgewählte Projektmitarbeiter etc. oder auf unkontrolliertes Dolmetschen bzw. mitunter zweifelhafte Übersetzungen. Wir können hier von einem inhärenten „Stille-Post-Syndrom" in den *Afrikawissenschaften* und zugleich auch in der allgemeinen Praxis der Entwicklungszusammenarbeit sprechen – mehr zu diesen Kommunikationsdefiziten im Entwicklungsdiskurs weiter unten.

Fragen wir weiter: Wozu ist es denn nun gut, ein Afrikanist zu sein? Die Antwort liegt eigentlich auf der Hand: Die afrikanische Realität in Vergangenheit, Gegenwart und Zukunft ist entscheidend geprägt von der Vielfalt der afrikanischen Sprachen und den darin manifesten Kulturen und der Geschichte ihrer Sprecher. Oft werden zudem territoriale Ansprüche mit der Verbreitung von Sprachen legitimiert. Hier liegen viele Gründe von Konflikten, die heute mit modernen Kriegswaffen ausgetragen und häufig von außen (z.B. in der Form von Stellvertreterkriegen) geschürt werden. Man könnte behaupten: Sobald und soweit gesellschaftliche und kulturelle Prozesse in Afrika einen Bezug zur sprachlichen und kulturellen Pluralität aufweisen, können sie nur von Afrikanisten oder unter deren Mitwirkung, ggf. also interdiziplinär, fachgerecht behandelt werden, und zwar weil

nur Afrikanisten die unverzichtbare soziolinguistische Kompetenz mitbringen und damit z.B. suboptimale Sprachenpolitik und defizitäre Kommunikationsmuster als wesentliche Faktoren für sowohl Konflikte als auch generell „Unterentwicklung" in Afrika identifizieren und bewerten können,

genau diese Kompetenz in aller Regel bei sog. Afrikawissenschaftlern fehlt, die damit, trotz bzw. sogar wegen ihrer spezifischen Fachkompetenz, automatisch Defizite bei der Wahrnehmung der afrikanischen Realität einräumen müssen![23]

---

23 In anderen sog. außereuropäischen Regionalwissenschaften, wie z.B. der Orientforschung, Sinologie, Japanologie, Indologie usw., taucht dieses Problem in der Regel nicht auf: Ohne sowohl philologische wie praktische Kentnisse über und in den großen Sprachen der Region (u.a. Arabisch, Mandarin Chinesisch, Japanisch, Sanskrit, Hindi, etc., gern auch in deren älteren Sprachstufen) ist seriöse Forschung kaum möglich. Warum sollte dies für Afrika nicht gelten? Die Lösung liegt auf der Hand: Afrikanistische

Bei aller oberflächlichen Polemik, die man aus derlei Formulierungen herauslesen mag: die linguistischen Defizite in den sog. Afrikawissenschaften bleiben ein Faktum. Dieses Faktum hat nun aber weit reichende Konsequenzen für den Diskurs über „Entwicklung" in Afrika nicht nur unter Entwicklungstheoretikern an westlichen Universitäten und *think tanks*, sondern auch unter Politikern in und außerhalb Afrikas und deren wissenschaftlichen Beratern. Im *mainstream* Entwicklungsdiskurs, der von Afrikawissenschaftlern, vor allem von Soziologen, Politologen und Ökonomen dominiert wird, werden in der Regel alle Sprachen-relevanten Aspekte, so zentral sie auch sein mögen, einfach ausgeblendet (im Einzelfall bestätigen natürlich auch hier Ausnahmen die Regel, dies gilt insbesondere für manche Ethnologen und Ethnologie-affine Soziologen). Dies hat zunächst Auswirkungen auf die Theorie. Hier entstehen erhebliche Defizite bzgl. einer umfassenden Faktorenanalyse für „Unterentwicklung" sowie bzgl. der politischen Strategien und Umsetzungsmechanismen zu deren Überwindung. Diese Defizite sind maßgeblich, wenn auch nicht ausschließlich, für Misserfolge der bisherigen Entwicklungstheorien und Entwicklungspolitik verantwortlich! Es gibt auch schädliche Auswirkungen auf die Praxis: Die Nord-Süd Entwicklungskommunikation krankt am bereits erwähnten „Stille-Post-Syndrom" und läuft damit faktisch häufig ins Leere: Sog. Entwicklungshelfer und die primär Betroffenen „verstehen sich einfach nicht", und zwar aufgrund der Existenz mehrfacher Sprachbarrieren und verschiedener Dialogkulturen, die wiederum auf unterschiedlichen Kommunikationsstrategien beruhen. Dies gilt bereits für die Erhebung relevanter Sozialdaten auf der Graswurzel-Ebene, wenn westliche Sozialwissenschaftler mit sprachlich zweifelhaften Werkzeugen (etwa in Gestalt von zumal auch sprachlich suboptimalen Interviewbögen, -leitfäden, etc.) mehrere Sprachbarrieren überwinden und sich dabei häufig auch noch unkontrolliert auf fragwürdige *field assistants* mit unklaren Dolmetsch- und Übersetzungskompetenzen verlassen müssen!

Aber abgesehen von den praktischen Aspekten der sprachlichen Verständigung: SPRACHE als solche, und besonders im Kontext von extensiver Mehrsprachigkeit, wie sie nun einmal in Afrika weit verbreitet ist, spielt eine in den Afrikawissenschaften weitgehend vernachlässigte Rolle und ist doch ein wesentlicher Faktor in vielen Bereichen von Politik und *good governance*, gesellschaftlicher und kultureller Modernisierung, und ökonomischer Entwicklung. Denn zunächst einmal hat Sprache mit Macht zu tun – ja, man kann sogar sagen: „Sprache ist Macht", und dies natürlich in besonderem Maße dort, wo mehrere

---

und afrikawissenschaftliche Forschungsperspektiven und Ausbildungsangebote müssen sich komplementär ergänzen – nicht: *entweder oder*, sondern: *sowohl als auch!*

Sprachen miteinander im Wettbewerb stehen und unterschiedliche Positionen in einem Hierarchiegefüge (vgl. den Begriff der „Polyglossie" weiter unten) einnehmen. Die Kontrolle über SPRACHE in mehrsprachigen Gesellschaften reguliert nicht nur den Zugang zur herrschenden Klasse und damit den Zugriff auf die nationalen Ressourcen, sie trennt zudem elitäre Minderheiten von den breiten Massen, so dass wir hier bereits von einer postkolonialen Klassenbildung sprechen können. SPRACHE, im Falle einer „falschen" Sprachenpolitik, verhindert Mitsprache im wörtlichen Sinn, d.h. sie blockiert die Entwicklung von Demokratie, Partizipation, Zivilgesellschaft, sozialer Mobilität; kurz: sie verhindert Modernisierung, Fortschritt und Entwicklung – eben weil sie die breiten „Massen", also die Mehrheit der nationalen Bevölkerung, ausschließt. Hier sind zentrale Herausforderungen für Afrikas Zukunft angesprochen, genauer: es geht um die linguistische Dimension von „Entwicklung", von deren Existenz gestandene Afrikawissenschaftler in der Regel allenfalls eine vage Vorstellung haben. Daher liegt auf der Hand, was in akademischer ebenso wie in politischer und anwendungspraktischer Hinsicht notwendig und sinnvoll wäre, nämlich die institutionelle Zusammenführung von Afrikanistik und möglichst vielen Afrikawissenschaften unter einem Dach, wie sie bislang nur ansatzweise im deutschsprachigen Raum verwirklicht wurde. Ziele wäre, bislang linguistikfreien Afrikawissenschaften bei uns zu ihrem längst überfälligen *linguistic turn* zu verhelfen, und zugleich eine systemlinguistisch eng fokussierte Afrikanistik stärker noch als bisher in ihrer anwendungsbezogenen soziolinguistischen Dimension zu stützen.

Das Profil einer „Angewandten afrikanischen Soziolinguistik"

Ganz konkret nachgefragt: Wie lassen sich denn z.B. die sog. Millenniums-Entwicklungsziele der UNO erreichen, ohnehin wohl kaum noch bis zum angepeilten Datum 2015, und welche Rolle spielen die Sprachen dabei? Diese Jahrhundertziele, wir erinnern uns, sind im Einzelnen:

Bekämpfung von extremer Armut und Hunger
(*Eradicate extreme poverty and hunger*)

Primarschulbildung für alle
(*Achieve universal primary education*)

Gleichstellung der Geschlechter und Stärkung der Rolle der Frauen
(*Promote gender equality and empower women*)

Senkung der Kindersterblichkeit
(*Reduce child mortality*)

Verbesserung der Gesundheitsversorgung der Mütter
(*Improve maternal health*)

Bekämpfung von HIV/AIDS, Malaria und anderen schweren Krankheiten
(*Combat HIV/AIDS, malaria and other diseases*)

Sicherung ökologischer Nachhaltigkeit
(*Ensure environmental sustainability*)

Aufbau einer globalen Partnerschaft für Entwicklung
(*Develop a global partnership for development*)

Alle diese Ziele basieren zu einem erheblichen Teil auf dem Transfer von Wissen, d.h. auf erfolgreichen Bildungsmaßnahmen. Bildung wiederum erfordert Kommunikation, und erfolgreiche Kommunikation setzt sprachliches Verständnis voraus. Dabei gilt folgendes Faktum: 85-95% aller Afrikaner, besonders in ländlichen Gebieten, sind europäischer Sprachen nicht mächtig, und dennoch verläuft fast alle „Entwicklungskommunikation" genau in diesen Sprachen! Auf den Punkt gebracht: Wie bringe ich nützliches oder gar lebensrettendes Wissen unter Menschen, wenn dabei Sprachen verwendet werden (müssen), die von beiden Seiten nur ungenügend oder gar nicht beherrscht werden? Es ist gut, dass und wenn „westliche" Entwicklungspraktiker in Afrika *Englisch, Französisch, Portugiesisch*, ggf. auch *Spanisch* oder *Arabisch* sprechen und verwenden können – aber was nützt dieses, wenn die betroffene Zielbevölkerung, etwa im Hinterland von Tansania, Kenia oder Uganda, neben ihrer eigenen Sprache noch nicht einmal das *Kiswahili* als regionale Verkehrssprache ausreichend beherrscht, die von den von den Entwicklungspraktikern eingesetzten „Dolmetschern" verwendet wird? Oder, um ein konkretes Beispiel aus der besonderen medialen Aufmerksamkeit des Jahres 2011 herauszugreifen: Wie kann 400 000 oder mehr Hunger- und Armutsflüchtlingen, zumeist aus dem „gescheiterten Staat" Somalia, im kenianischen Flüchtlinglager *Dabaab* nachhaltig geholfen werden, wenn die mit dem Problem seit 20 Jahren quasi allein gelassenen NGOs ohne unmittelbaren sprachlichen Zugang zu den Flüchtlingen operieren (müssen) und daher Menschen noch der ersten Flüchtlingsgeneration seit gut 18 Jahren bereits in diesem Lager „enttüchtigt" worden sind? Hier wie anderswo findet sich ein eklatanter Mangel an Nachhaltigkeit von „Not"- und „Entwicklungshilfe", der ganz ursächlich mit Defiziten in der Kommunikation zu tun haben dürfte, denn die faktische „Enttüchtigung" zur eigenen Versorgung war und ist ja nicht das Ziel der Hilfsprogramme, und am fehlenden Geld dürfte es weder bei den NGOs noch den staatlichen Stellen liegen. Diese Ausgangssituation beschreibt das andauernde und weiterhin zu erwartende „Stille-Post-Syndrom".

Wenn dem so ist, kommt also der soziolinguistischen Dimension der *Afrikanistik* eine ganz entscheidende praktische Bedeutung zu. Zumal bei der folgenden Antwort auf die Frage nach dem Daseinszweck einer Subdisziplin wie der „Angewandten Afrikanischen Soziolinguistik" wird dies deutlich:

> Die Angewandte Afrikanische Soziolinguistik beschäftigt sich, auf wissenschaftlicher Grundlage, mit der Frage, wie Erkenntnisse über Sprachen in Afrika, einheimische und importierte Sprachen, und deren Verwendung genutzt werden können, um das Leben der Sprecher dieser Sprachen nachhaltig zu verbessern.

Aber vielleicht sollten wir zunächst klären: Was ist eigentlich Soziolinguistik genau, zumal im afrikanischen Kontext? Hier eine knappe Antwort. Die *Soziolinguistik* ist eine wissenschaftliche Disziplin im Überschneidungsbereich von Soziologie und Linguistik, die sich der hier angesiedelten politischen Herausforderungen auch in theoretischer Perspektive annimmt. Während sich die Soziologie als „Wissenschaft von der Gesellschaft" versteht, sieht sich die Linguistik als „Wissenschaft von der Sprache". Die Soziolinguistik befasst sich also im weitesten Sinne mit „Sprache in der Gesellschaft". Im Kontext der afrikanischen Vielfalt an Sprachen und Kulturen befasst sich eine Soziolinguistik Afrikas allgemein und speziell mit „Sprachen in den Gesellschaften und Kulturen in Afrika". Dazu ist festzuhalten: In fast allen Gesellschaften gibt es eine politisch brisante „Sprachenfrage" bzw. Sprachenprobleme, zumeist ausgelöst durch Migrationen, Ausgrenzungen und die Globalisierung. Zudem gibt es ohnehin in multilingualen Gesellschaften immer einen „Faktor Sprache" in Politik, Recht, Kultur, Integration, Bildung, Entwicklung, sei es hinsichtlich der verlangten Autonomie sprachlicher Minderheiten (Sprachenkonflikte), sei es generell hinsichtlich geltenden Sprachenrechts im Rahmen einer expliziten oder impliziten Sprachenpolitik. Oder es geht um Fragen im Zusammenhang mit drohendem Sprachentod, also dem „Aussterben" einer Sprache, oder um Maßnahmen zum Sprachenerhalt, um genau dieses Aussterben zu verhindern. Ein weiteres Feld ist die sog. Sprachpflege in Sprachakademien, die sich um die Einhaltung von Standards des Sprachgebrauchs kümmern – Aufgaben, die in Deutschland der *Duden* und in Frankreich die *Academie Française* erledigen.

Was wir also offenbar dringlich brauchen ist eine „Angewandte Afrikani-[sti]sche Soziolinguistik", wie sie sich allerdings erst sehr zögerlich bei uns entwickelt. Sprache und Sprachen in Afrika sind eine zu wichtige Sache für die Gegenwart und Zukunft des Kontinents, als dass man sie aus dem traditionell sozialwissenschaftlich monopolisierten *mainstream* Entwicklungsdiskurs ausblenden und allein nicht-linguistisch ausgebildeten Afrikawissenschaftlern überlassen darf, wenn die sich überhaupt damit auseinandersetzen, was sie in der Regel gar nicht erst tun! D.h. es bleiben eigentlich nur die klassische Afrikanisten, die sich wissenschaftlich kompetent über diese Problematik äußern könnten – sofern sie sich dem relativ jungen Teilgebiet „Angewandte Afrikanische Soziolinguistik" zugewandt haben, was allerdings auch nicht für alle gilt. Um es ganz ehrlich und durchaus mit Bedauern festzustellen: Es ist wiederum nur eine Minderheit der Afrikanisten selbst, die sich mit dieser Art von Fragestellungen überhaupt und seriös auseinandersetzt. Aber: Auch eine lange Reise beginnt mit dem ersten Schritt vor die Haustür, wie es – leicht abgewandelt – ein afrikanisches Sprichwort sagt. In diesem Sinne hat die Afrikanistik in ihrem Teilgebiet „Angewandte Soziolinguistik" noch den größten Teil der Reise vor sich, wenn es darum geht, ihr Fernziel zu erreichen, nämlich die Standardisierung aller afrikanischen Sprachen (und ggf. die Harmonisierung etlicher von diesen zu gemeinsamen „Standardsprachen") zu Zwecken der gleichberechtigten und gleichrangigen Nutzung, neben den etablierten Amtssprachen europäischer Herkunft, in der Bildung und bei der soziokulturellen Modernisierung und der ökonomischen Entwicklung – und dies nach dem demokratisch geäußerten Willen ihrer Sprecher. Dieses Fernziel ist realistisch. Die unbestreitbaren Erfolge der inzwischen mehr als einhundertjährigen deutschsprachigen *Afrikanistik* bei der wissenschaftlich fundierten Beschäftigung mit den afrikanischen Sprachen machen verhalten optimistisch!

Zitierte Literatur

Geider, Thomas: Afrikanische Sprachen und Literaturen an der Universität Leipzig. In Deimel, Claus, Sebastian Lentz und Bernhard Streck (Hrsg.): *Auf der Suche nach Vielfalt. Ethnographie und Geographie in Leipzig.* Leipzig: Institut für Länderkunde. 2009. S. 193-205.

Gerhardt, Ludwig, Roland Kießling und Mechthild Reh: Zur Geschichte der Abteilung für Afrikanistik und Äthiopistik. In Paul, Ludwig (Hrsg.): *Vom Kolonialinstitut zum Asien-Afrika-Institut. 100 Jahre Asien- und Afrikawissenschaften in Hamburg.* (Deutsche Ostasienstudien 2.) Gossenberg: Ostasien Verlag. 2008. S. 163-192.

Heine, Bernd, Thilo C. Schadeberg and [H.] Ekkehard Wolff (Hrsg.). *Die Sprachen Afrikas.* Hamburg: Helmut Buske Verlag. 1981.

Meyer-Bahlburg, Hilke und [H.] Ekkehard Wolff: *Afrikanische Sprachen in Forschung und Lehre. 75 Jahre Afrikanistik in Hamburg (1909-1984).* (Hamburger Beiträge zur Wissenschaftsgeschichte, Band 1.) Berlin-Hamburg: Dietrich Reimer Verlag. 1986. [Unter Mitarbeit von Ludwig Gerhardt und Siegbert Uhlig.]

H. Ekkehard Wolff

Afrikanische Sprachen: Ressourcen zwischen Tradition und Fortschritt

Seit den 1990er Jahren greift in der internationalen Afrikanistik (*African linguistics*) ein neues Forschungsparadigma Raum, das Sprachen, zumal Minoritäten- und sog. bedrohte Sprachen, nicht mehr allein als Forschungsobjekt *per se* betrachtet, sondern vielmehr als Ressourcen für Modernisierung und Entwicklung, nicht zuletzt im Sinne der *Millennium Development Goals* der Vereinten Nationen.

Warum überhaupt afrikanische Sprachen studieren?

Selbst oder vor allem in Afrika stoßen Afrikanisten immer noch zumeist auf Unverständnis, wenn sie sich als solche und damit als akademische Experten mit einem Forschungsinteresse an afrikanischen Sprachen zu erkennen geben, oder wenn sie an afrikanischen Universitäten an einem *Department of African languages* lehren. Die in ihrer Ignoranz und Formulierung schönste Frage an mich in diesem Zusammenhang, die mir in Afrika nicht nur einmal von Angehörigen der modernen Eliten gestellt wurde und die eigentlich keine Antwort erwartete, sondern sie bereits selbst enthielt, war: *Why study African languages – we speak them already?!* Hier ist sie wieder, die unglückselige Gleichsetzung von praktischen Sprachkenntnissen und wissenschaftlich robustem Wissen über das Wesen und die Wichtigkeit von SPRACHE. Und zugleich schwingt ein aus der Kolonialzeit überkommenes, nur schwer zu überwindendes negatives Vorurteil gegenüber afrikanischen Sprachen mit, selbst bei deren eigenen Sprechern: Afrikanische Sprachen seien gut genug, um auf lokalen Märkten einzukaufen und in ihnen im intimen Familien- und Freundeskreis zu plaudern und zu scherzen – zu seriöser und auf Fortschritt und Entwicklung zielender Kommnikation taugen sie nicht. Daher brauchen sie auch nicht an Universitäten, schon gar nicht in Afrika selbst (und wozu eigentlich außerhalb Afrikas?), gelehrt und erforscht zu werden.

Diese unselige Verbindung von Ignoranz und Vorurteilen findet sich nicht nur in Afrika selbst. Auch in uninformierten Kreisen bei uns gelten zumal ungeschriebene und meist nur mündlich verwendete „Volkssprachen" und „Dialekte" (vgl. dazu aber das folgende Kapitel) als irgendwie rückständig, wenn nicht gar rückschrittlich, und allenfalls „lokal" verortet. Solche „Idiome", so eine andere abschätzige Bezeichnung, würden meist, so ein weiteres Vorurteil, nur von wenigen Menschen (noch) gesprochen und seien über kurz oder lang ohnehin vom „Aussterben" bedroht. Für Afrika bemüht man in diesem Sinne gern den Begriff der „Stammessprachen" bzw. der „Stammesdialekte". Im Gegensatz dazu stünden die *quasi* „richtigen Sprachen", was immer man sich darunter vorstellt, die zumeist aber mit formaler Bildung, Schriftkultur, Literaturtradition, Wissenschaft und „Moderne" identifiziert werden. Derlei „richtige Sprachen" hätten zudem viele Millionen von Sprechern und wären, im Anschluss an die Kolonialzeit, nunmehr im Zuge der Globalisierung weiter damit beschäftigt, ihren Siegeszug um die Welt zu verfolgen und, damit könne man wohl rechnen, der Welt eines Tages eine gemeinsame Weltsprache zu bescheren, und das wäre voraussichtlich *Englisch*. Vor dem Hintergrund dieses naiven Weltbildes kommt es bezogen auf Afrika zu der unseligen Gleichung:

Europäische Weltsprachen   = Fortschritt und Moderne
Afrikanische Lokalsprachen   = Tradition und Rückschrittlichkeit

Dies entspricht wesentlich auch der traditionellen Einteilung in die „Erste" und die „Dritte Welt" bzw. „Industrieländer" und „Entwicklungsländer", auch wenn diese überkommene Begrifflichkeit inzwischen der *political correctness* zum Opfer gefallen ist und sog. „Schwellenländer", neben der abhanden gekommenen „Zweiten Welt", die Verhältnisse ohnehin unübersichtlicher machen. An der bei uns weit verbreiteten Wahrnehmung der ungleichgewichtigen globalen Verhältnisse ändern sich wandelnde Begrifflichkeiten allerdings nichts oder nur wenig.

Sprachen als Ressourcen:
Sprache – Bildung – Entwicklung

Dabei ist die Beziehung zwischen SPRACHE und fortschrittlicher Entwicklung eine schwierige und zumeist eine gar nicht verstandene, insbesondere was die Wechselwirkungen zwischen *Entwicklung*, *Bildung* und *Sprache* betrifft.[24] Dies lässt sich veranschaulichen mit einem Diagramm, in dessen Mittelpunkt die *Kommunikation* im Rahmen von Entwicklungsdiskursen steht. Unter „Entwicklungsdiskurs" soll hier zweierlei verstanden werden: Zum einen der akademi-

---

24 In diesem Buch wird der durchaus problematische Begriff „Entwicklung" quasi vorwissenschaftlich im Sinne des politischen Feuilletons verwendet, wie er sich weiterhin in den umgangssprachlichen wie technischen Begriffsbildungen wie Entwicklungsländer, Entwicklungshilfe, Entwicklungszusammenarbeit usw. findet. Die Frage, wer in dieser Begrifflichkeit von wem zu wessen Nutzen und mit welchen Zielen „entwickelt" werden soll, bleibt daher an dieser Stelle unbeantwortet.

sche wie politische *Diskurs über Entwicklung* in Theorie und Praxis, zum anderen der *interaktive Diskurs zwischen Dialogpartnern bei der praktischen Entwicklungszusammenarbeit*, also etwa zwischen ausländischen Experten und Zielgruppen der lokalen Bevölkerung vor Ort, also den klassischen Empfängern von „Entwicklungshilfe".

Dass *Entwicklung* in sog. Entwicklungsländern etwas mit *Bildung* zu tun hätte, ist eine Binsenweisheit, die in allen Entwicklungsdiskursen beschworen wird und sich als Axiom in praktisch jedem Entwicklungshandbuch findet, ohne dass je auf die wichtigsten Aspekte dieser Beziehung im Detail eingegangen würde: *Wessen Bildung mit welchen Inhalten zu wessen Nutzen, und über welche Kanäle und Sprachen?* Die so uninformierte wie populäre Meinung besagt, dass „moderne" Bildung nur auf dem Weg über „moderne Sprachen", also solche europäischen Ursprungs, zu erreichen sei. Dies erinnert fatal an die bigotte Dummheit jenes berüchtigten *schoolmasters* in den USA, der bei der Verweigerung der Einführung von Fremdsprachenunterricht an seiner Schule den Befürwortern des Fremdsprachenunterrichts unter seinen Schülern zornig entgegen geschleudert haben soll: *If English was good enough for Jesus, it is good enough for you!* Soll heißen: Im Zweifelsfall ist meine eigene Sprache das Maß aller Dinge! Was nun aber Sprache selbst direkt mit „Entwicklung" zu tun haben soll, das erschließt sich kaum einem der am *mainstream* Entwicklungsdiskurs Beteiligten. Wir werden darauf, u.a. unter Bezug auf die „gnoseologische" Dimension von Sprache, später noch zurück kommen.

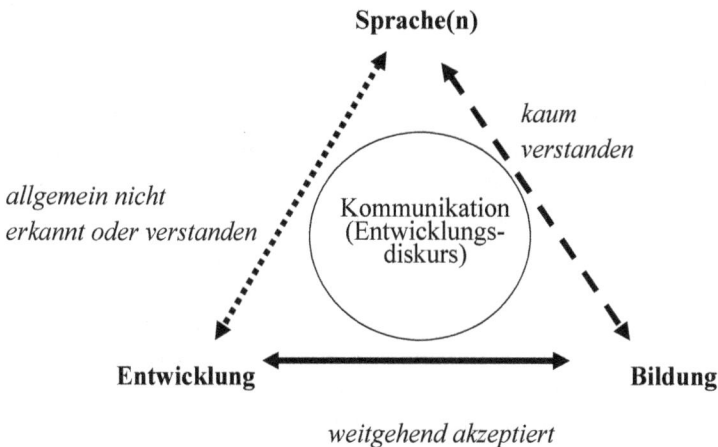

Diagramm 2: Beziehungsdreieck der Entwicklungskommunikation:
  Wechselwirkungen Sprache – Bildung – Entwicklung (vgl. Wolff 2011: 53)

Ganz sicher ist Bildung als Treibriemen für soziale und ökonomische Entwicklung anzusehen, wenn wir Bildung verstehen als Nutzbarmachung der „menschlichen Ressourcen" (*human capital*) einer Gesellschaft. In dieser Hinsicht ist das formale Bildungssystem, vom Kindergarten bis zur Universität, der quasi Königsweg auch zu gesellschaftlichem Wandel, soziokultureller Modernisierung, partizipatorischer Demokratie und schließlich auch zu ökonomischer Entwicklung. Der Blick auf Afrika erbringt in dieser Beziehung einen deprimierenden Befund: die afrikanischen Bildungssysteme sind hoch defizitär, der Kontinent befindet sich am Abgrund, wenn nicht gar bereits im Strudel einer Bildungskatastrophe. Das formale Bildungssystem, in der vorherrschenden Form in Afrika, ist zunächst einmal ineffektiv im Sinne einer äußerst geringen Erfolgsquote, was die Zahl von Absolventen und Übergänge in weiterführende Bildungseinrichtungen betrifft. Es ist zudem ineffizient im Sinne einer akzeptablen Kosten-Nutzen-Relation, weil tatsächlich beträchtliche Mittel in die Bildungssysteme fließen und trotzdem bis zu 90% der Schüler die Ausbildungsziele nicht erreichen, Klassen mehrfach wiederholen oder den Schulbesuch abbrechen. Auch das Minimalziel von Bildung, nämlich die angestrebte hinreichende Kompetenz in der jeweiligen Amtssprache, wird nur in Ausnahmefällen erreicht.

Die Gründe für die Defizite in afrikanischen Bildungssystemen sind vielfältig; die sprachlichen Voraussetzungen zählen dabei zu den wichtigsten und lassen sich wie folgt stichwortartig aufzählen:

Falsche Politik bzgl. der Unterrichtssprachen schon im Primarschulbereich, d.h. in der Regel findet kein oder kaum Unterricht in den jeweiligen Erst-/Muttersprachen statt;

Falsche Pädagogik für den Fremd- oder Zweitsprachenerwerb der Amtssprache(n), denn die Amtssprachen, in denen oftmals schon vom ersten Schuljahr an unterrichtet wird, sind in der Regel für die Schüler Fremdsprachen, werden aber ohne hinreichende Vorbereitung verwendet, so als würden die Schüler die Sprachen bereits beherrschen;

Es handelt sich im Wesentlichen um unzureichende Kopien des Systems in den ehemaligen kolonialen Mutterländern einschließlich der verwendeten Unterrichtssprache, die in den kolonialen Mutterländern die Muttersprache der allermeisten Schüler ist/war (*copy and paste strategy*); in Afrika dagegen sind die Kinder dieser Sprachen in der Regel gar nicht mächtig, und auch viele Lehrer beherrschen diese Sprache nur mangelhaft.

Die Folge ist Elitismus zugunsten einer kleinen Elite, die ihre Kinder in ausgewählte oftmals private Schulen mit angemessener fremdsprachlicher Pädagogik schicken. Dies geht zu Lasten der Masse der Bevölkerung, die damit vom sozialen Aufstieg weitgehend ausgeschlossen bleibt. Die Konsequenz ist eine offensichtliche Bildungskatastrophe in Afrika, für die weitgehend eine verfehlte Sprachenpolitik ursächlich ist.

Wir müssen also die Frage stellen: Warum wird in Afrika von politischer Seite an formalen Bildungssystemen festgehalten, die nachweislich nicht funktionieren? Die Antwort liegt in einem Amalgam aus verschiedenen Gründen und Faktoren, die die meisten Beteiligten (*stakeholders*) daran hindert, sachlich korrekte und wissenschaftlich begründete Analysen zu bewerkstelligen und daraus adäquate Strategien abzuleiten.

Da ist zunächst die schon angesprochene prinzipielle Ignoranz über die Wechselwirkungen zwischen Entwicklung, Bildung, und Sprache. Da ist das defizitäre Vorverständnis über Funktionen von Sprache, die in ihrer Multidimensionalität (*teleologisch, kommunitär, gnoseologisch*) nicht verstanden wird.[25] Es herrschen weiterhin antiquierte sozialdarwinistische Vorstellungen über Sprache, vor allem hinsichtlich der negativen Vorurteile, Stereotypen und Klischees über vermeintlich „primitive" indigene Sprachen. Die post-kolonialen Gesellschaften in Afrika sind zudem geprägt vom sog. *status quo* Erhaltungssyndrom (nach Neville Alexander) mit der Folge der Abschottung der Eliten (*elite closure*, nach Carol Myers-Scotton). Eine negative Rolle spielen hier auch die außerafrikanischen Politikberater aus den Kreisen der sog. Entwicklungsexperten, die diese Vorurteile und Klischees aus eigenem Interesse und mangels besseren Wissens verstärken. Zu kritisieren ist auch der quasi Tunnelblick der „Konsumenten" von Bildung, der oftmals allein auf das Meistern der Amtssprache fokussiert ist, verbunden mit der Hilflosigkeit der „Unterrichtspraktiker", adäquate Unterrichtsformen zu entwickeln, weil sie strukturelle Defizite in ihrer Ausbildung daran hindern. Und da sind nicht zuletzt die fehlenden materiellen Voraussetzungen in Form von ausreichendem und angemessenem Mobiliar und Unterrichtsräumen, Lehrbüchern und Lehrerhandbüchern, pädagogischen und didaktischen Hilfsmitteln, Lehrerfortbildungsangeboten, angemessener Bezahlung, etc. Hinzu kommen Dichtung und Wahrheit über die Möglichkeiten und

---

25   Der Terminologie von Konrad Ehlich (2009) folgend bezeichnet die teleologische Dimension von Sprache deren Einsatz für die zielgerichtete Kommunikation, die kommunitäre Dimension bezeichnet die Rolle von Sprache bei der Definition von individueller und sozialer/kollektiver Identität, die gnoseologische Dimension bezeichnet die Funktion von Sprache beim Erwerb und Transfer von Wissen.

Kosten von Sprachstandardisierungsaktivitäten, um angemessenen mutter-sprachlichen Unterricht überhaupt erst ins Auge fassen zu können.[26]

Was macht denn nun Sprache so wichtig dabei? Sprache ist nun einmal, aufgrund ihrer inhärenten gnoseologischen, also den Erkenntnis- und Wissens-erwerb ermöglichenden Dimension, von größter Wichtigkeit für die kognitive und allgemein intellektuelle Entwicklung des Individuums. Dabei gilt für Afrika im Besonderen, was der kenianische Linguist Okoth Okombo (2000) wie folgt formuliert hat:

> Modern development relies heavily on knowledge and information;
>
> African countries rely significantly on foreign sources of knowledge and infor-mation, especially in the areas of science and technology;
>
> The knowledge and information comes to Africa through international languages which are not indigenous to the African continent;
>
> For development ideas to take root in Africa and benefit from African creativity, de-velopment activities must involve the African masses, not only the elite; and
>
> The goal of involving the African masses in development activities cannot be achieved through a national communication network (including education) based exclusively on non-indigenous languages.

In diesem Zusammenhang müssen wir noch einmal auf die Rolle außerafrikani-scher Politikberater aus Kreisen der sog. Entwicklungsexperten zu sprechen kommen. Sie teilen und bestärken alle Vorurteile, Stereotypen und Klischees über indigene Sprachen, die sie unterschwellig als „primitiv", „nicht moderni-sierungsfähig" und damit als „Barrieren für Entwicklung" ansehen und setzen sich damit dem Vorwurf sozialdarwinistischer Voreingenommenheit aus. Sie halten jede Form von nicht-akademischem Multilingualismus, besonders infor-melle kindliche Mehrsprachigkeit, für ein Übel, das in Afrika „Tribalismus" und

---

26 Kritiker der erst- bzw. muttersprachlichen Bildungsangebote im Kontext afrikanischer Vielsprachigkeit sind, was Kosten und technische Voraussetzungen für Sprachstandar-disierung betrifft, immer noch auf die Bedingungen von Bleisatz und „Diktatur der Schreibmaschine" bzgl. der Graphisierung abweichender Sprachlaute in afrikanischen Sprachen fixiert, die noch aus Erfahrungen der Kolonialzeit und früher Missionsaktivi-täten rühren. Moderne Afrikalinguistik in Verbindung mit den Möglichkeiten der Digi-talisierung bei *desk top publishing* und *print on demand* Verfahren erlauben schnelle und sehr kostengünstige Lösungen – für jede beliebige Sprache, in Afrika wie auch an-derswo auf der Welt! Dennoch werden unablässig die „astronomischen Kosten" be-schworen, die mit der Nutzung einer Vielzahl von afrikanischen Sprachen für Unter-richtszwecke verbunden seien: ein vorgeschobenes Argument, das von der Wissenschaft längst widerlegt ist!

„Separatismus" fördern und damit die nationale Einheit gefährden würde – den Beweis dafür können sie jedoch nicht antreten. Sie glauben zudem entgegen allem sprachsoziologischen Grundwissen fest daran, dass es eine „nationale Einheitssprache" geben kann, die machtpolitisch „neutral" – weil importiert – ist, am besten gleich die Sprache der ehemaligen Kolonialmacht. Sie halten an eigenen kommunikativen Dominanzmustern durch überlegene Beherrschung der Ex-Kolonialsprachen fest, denn sie haben überhaupt kein Interesse am eventuellen Errichten von neuen und für sie ungünstigen Sprachbarrieren, sollten afrikanische Staaten (wie früher schon einmal Libyen) auf die Idee kommen, auf der Verwendung einheimischer Amtssprachen für bilaterale Angelegenheiten zu bestehen. Sie haben als Gesprächspartner in Afrika ohnehin nur mit „Überlebenden" der kolonialen Bildung zu tun und übersehen dabei, dass es sich bei diesen stets nur um eine kleine Minderheit der Bevölkerung handelt.

Um eine unter sog. Entwicklungsexperten verbreitete Folklore auf- und anzugreifen: Nicht „Sprache" als solche bzw. die Vielzahl von Sprachen und die damit verbundene Mehrsprachigkeit in Afrika ist das Problem, sondern die Ignoranz der politischen Akteure über „Sprache". Soziolinguistisch nicht vorgebildete Wirtschafts-, Sozial- und Kulturwissenschaftler, um wieviel mehr Politiker in Afrika und bei uns, wissen wenig oder gar nichts über die vielfältigen Funktionen von Sprache allgemein, nichts über die psychosozialen ebenso wie ökonomischen Potentiale indigener Sprachen, oder gar sprachlich angemessene Lehr- und Lernstrategien in der multilingualen Praxis und deren Auswirkungen auf gesellschaftliche Modernisierung und ökonomische Entwicklung. Sie sind weitgehend ignorant bzgl. der materiellen Voraussetzungen für mehrsprachigen Unterricht, unterliegen im Einzelfall Fehlwahrnehmungen aufgrund von Eurozentrismus und latentem, oft unbewusstem Rassismus. Ihre Interessen decken sich weitgehend mit dem Macht- und Privilegienerhalt der postkolonialen Eliten in Afrika, verbunden mit ihrer *status quo* Dominanz in der internationalen Experten- bzw. Beraterszene. Ebenso wie Tausende von Menschen, die in Firmen und Agenturen einer veritablen „Not- und Entwicklungshilfe-Industrie" ein einträgliches Auskommen haben, schon aus Eigeninteresse nicht daran interessiert sein können, dass Not und Unterentwicklung auf der Welt abnehmen, so haben die akademischen und politischen sog. Entwicklungsexperten und ihre Auftraggeber in Politik und Wirtschaft kaum ein Interesse daran, dass sich der *status quo* ändert und sie sich damit praktisch selbst, bzw. ihre Machtpositionen und Einkommensquellen, abschaffen!

Gibt es eine Patentlösung für Afrikas Probleme? Muttersprachen-basierte Mehrsprachigkeit

Was also wäre zu tun? Wie ist die Ausgangslage am Beginn des 21. Jahrhunderts? Die Entwicklungstheorie und die Entwicklungspraxis der zweiten Hälfte des 20. Jahrhunderts sind weitgehend gescheitert. Einer der Hauptgründe dafür ist die ungezügelte weltweite Hegemonialisierung durch ausgeprägten Post- bzw. Neokolonialismus, der heute zumeist im Gewand der sog. Globalisierung auftritt. Afrika selbst hatte nie eine Chance, sich auf seine eigenen Ressourcen zu besinnen und eigene Konzepte und Zukunftsmodelle für die endgültige Überwindung des Kolonialismus zu entwerfen. Aber auch neue ideologische Ansätze aus Afrika selbst, wie die *African Renaissance* und NEPAD (*New Economic Partnership for Africa*), ebenso wie die UNO *Millennium Development Goals* (insbesondere bzgl. *basic education for all* und *poverty reduction*) bleiben leere Worthülsen und wohlfeile Themen für Sonntagsreden, wenn der Bedeutung des *Faktors Sprache* nicht adäquat Rechnung getragen wird – und das wird ihm in keinem der maßgeblichen Dokumente! Gefordert ist ein Umdenken bzgl. zugleich mehrerer Herausforderungen auf konzeptioneller und ideologischer Ebene.

Die Basis dafür liefert die anschwellende afrikanistische Fachliteratur im Bereich Angewandte Soziolinguistik, vor allem auch aus Afrika selbst, über Modelle für offizielle Mehrsprachigkeit – weg vom untauglichen Vorbild der ehemaligen Kolonialmächte, die auf nationale Einsprachigkeit fixiert waren (und oft immer noch sind). Für die soziokulturelle „Modernisierung" afrikanischer Gesellschaften und nachhaltige ökonomische „Entwicklung", d.h. vor allem Überwindung von Hunger, Seuchen und Massenarmut, kann die Afrikanistik entscheidende theoretische Voraussetzungen und notwendiges *Knowhow* anbieten: Es geht um optimierte Kommunikations- und Bildungsanstrengungen – und dies im Rahmen von der jeweiligen nationalen oder regionalen Situation angemessenen effektiven und effizienten Mehrsprachigkeitsstrategien. Der Kostenaufwand für die nationalen Bildungsbudgets ist, nicht zuletzt durch moderne Publikationstechnik, nachweislich minimal (vgl. Ouane und Glanz 2011), die strategischen Details liefert die Angewandte Afrikanistik aufgrund ihrer jahrzehntelangen Forschungen auf diesem Gebiet im weltweiten Austausch, nicht zuletzt mit Erziehungswissenschaftlern und Soziologen mit Erfahrungen auf allen bewohnten Kontinenten. Die Problembereiche liegen nur zum Geringsten in den – im Einzelfall sicherlich defizitären – linguistischen, pädagogischen, technischen oder finanziellen Voraussetzungen, sondern vor allem im Bereich der Politik. Es geht zuallererst um eine krude Mischung aus Ideologie (basierend auf

Klischees und Vorurteilen) und Machterhalt zum eigenen Vorteil (Elitenabschottung). Hieraus resultieren einige besonders schwierige Herausforderungen, die die Afrikanistik derzeit allerdings nur bedingt bedienen kann.

Da sind zunächst die *konzeptionellen* Herausforderungen. Es geht um einen Paradigmenwechsel: Sprachen sind Ressourcen, sowohl die indigenen afrikanischen wie die importierten nicht-afrikanischen Sprachen, und Ressourcen müssen entwickelt und gefördert werden, man muss in sie investieren. Bildung darf nicht weiterhin als wohlfeiles *Serviceangebot* des Staates verstanden, sondern muss als eine unerlässliche *Investition* in die Zukunft der Gesellschaft erkannt werden. Es geht darüber hinaus um die Akzeptanz der Interdependenzen von Sprachen- und Gesellschaftspolitik: Sprachenpolitik ist Gesellschaftspolitik und umgekehrt, zumal in vielsprachigen Gesellschaften! Das Ziel gesellschaftlicher, politischer und ökonomischer Modernisierung kann nur erreicht werden, wenn Sprache als Machtfaktor und zugleich Ressource erkannt und entsprechend angemessen genutzt wird.

Das nächste sind die *ideologischen* Herausforderungen. Es geht um die Überwindung von Elitismus und um die Beteiligung der „Massen" am Aufbau demokratischer und zivilgesellschaftlicher Strukturen, d.h. es braucht inklusive statt exklusiver Strategien – und das geht nur über das Medium der Sprache, so z.B. bei der Kontroverse um geeignete Unterrichtssprachen. Die auf den herrschenden Machtverhältnissen beruhenden Barrieren zwischen „mächtigen" und „ohnmächtigen" Sprachen (und deren Sprechern!) müssen abgebaut werden, dies wird international unter dem Stichwort des *language empowerment* diskutiert. Jede Sprache auf einem staatlichen Territorium hat das Potential und muss das Recht haben, eine Sprache des Lernens, der modernen Wissenschaft und Philosophie, und des nationalen Stolzes zu werden – unabhängig von der Zahl derer, die diese Sprache täglich gebrauchen. Kamerun geht hier seit vielen Jahren einen vielversprechenden wenn auch mühsamen Weg, und die Dezentralisierung und quasi „Re-Ethnisierung" des neuen Äthiopien (nach 1992) ist ebenfalls ein vielversprechender Schritt in die richtige Richtung, wie es scheint.

Warum wohl ist und bleibt bis auf Weiteres die amerikanische Wissenschaft und Technologieentwicklung weltweit führend, nicht zuletzt abzählbar an der Zahl der aus deren Bildungsinstitutionen hervorgehenden Nobelpreisträger? Weil die meisten dort tätigen Wissenschaftler *Englisch* als Muttersprache nutzen oder als Zweitsprachler in einem praktisch 100-prozentigen englischsprachigen Umfeld leben und funktionieren. Dies gilt nicht im selben Maße für deutsche, europäische, japanische, koreanische etc. Technologieentwickler, auch wenn bzw. gerade weil sie (auch oder gar überwiegend) auf Englisch publizieren und kommunizieren! Allerdings beruht der enorme technologische Entwicklungsstand auch in diesen Ländern, im Vergleich mit Afrika, nun wiederum darauf, dass in ihnen Bildung und Ausbildung und anspruchsvolle Tätigkeiten am Mutterstandort deutscher, japanischer, koreanischer, chinesischer Konzerne und mittelständischer Betriebe in den Muttersprachen der bislang relativ homogenen Arbeitnehmerschaft abläuft. Das gilt selbst für Standorte mit „kleinen" Sprachen, wie z.B. *Finnisch* im Falle des Weltkonzerns Nokia. Wahre kognitive und intellektuelle Kreativität in Form von wissenschaftlich, philosophisch und literarisch revolutionärem Denken ist weltweit im Wesentlichen nur über die Vehikel der verschiedenen Muttersprachen möglich, die als solche unerschöpfliche Ressourcen für mentale Innovationen darstellen – je mehr davon wir nutzen können, desto besser für die gesamte Menschheit. So, wie eine globale „Coca-Cola & MacDonald Kultur" nach US amerikanischem Vorbild eine kulinarische und darüber weit hinausgehende kulturelle Verarmung darstellen würde, wäre eine globale Monolingualität, etwa der umfassende Gebrauch des Englischen unter Verzicht auf die eigenen Sprachen, eine langfristig äußerst schädliche Verarmung intellektueller und kognitiver Ressourcen. Das optimale Vehikel der unverzichtbaren Verbindung von lokaler Ingeniosität und globaler Kommunikation ist praktizierte Mehrsprachigkeit, nach dem Motto: *Lokal (und ggf. in der Muttersprache) denken – global (und ggf. in einer Welt- als Zweitsprache) kommunizieren.*

In Afrika weiß und nutzt man derlei Mehrsprachigkeitsmuster seit Jahrhunderten, inzwischen verbunden mit einer unglaublichen Handy-Dichte. Das Handy erlaubt, nun auch in afrikanischen Sprachen rund um die Welt zu kommunizieren, und zwar hauptsächlich „oral", wie in Afrika seit Jahrtausenden praktiziert. Diese effiziente Ressourcennutzung auch für die offizielle Kommunikation und das Bildungswesen wird nun allerdings systematisch von Seiten der Politik unterdrückt! Die meisten Menschen in Afrika erfreuen sich an ihrer täglich praktizierten Mehrsprachigkeit, sie verwenden ohne großen Aufwand täglich bis zu vier und mehr Sprachen. Schon Kinder im Vorschulalter sind dort Meister des prinzipiengesteuerten *code-switching* und beherrschen ihre multilingualen Ressourcen meisterlich. Nur: In der Schule bestraft man sie dafür! Afrikanischen Politikern und ihren westlichen Beratern ist all dies überwiegend ein Gräuel und wird, zumal im formalen Bildungssystem, verboten.[27] Dies geschieht im We-

---

27 Viele afrikanische Intellektuelle geben hinter vorgehaltener Hand zu, dass sie sich eigentlich der Tatsache schämen, die eigenen Erst- und Muttersprachen selbst nicht (mehr) angemessenen zu beherrschen und dass sie es daher vermeiden, sich bei Verwendung dieser Sprachen vor den weitgehend ungebildeten Mitgliedern der Sprechergemeinschaft in den ländlichen Heimatgebieten „lächerlich" zu machen. Sie ziehen es daher vor, diese Sprachen überhaupt nicht zu verwenden und diesen – schon als Selbst-

sentlichen aus zwei völlig irrelevanten Gründen, nämlich weil (a) zumeist die verantwortlichen Entscheidungsträger selbst durch diese in der breiten Masse übliche Praxis überfordert sind und daraus im Vergleich eigene Defizite ableiten müssten (sie sind nämlich in der Regel nur noch in der Amtssprache kompetent), und weil (b) offizielle Mehrsprachigkeit ohnehin der überkommenen europäischen Bildungs- und Politikpraxis widerspräche, und die sei schließlich, zumindest in ihren Augen, das Maß aller Dinge!

Afrika ist reich, nicht nur an wichtigen Bodenschätzen, um die sich korrupte Politiker, blutsaufende Milizen mit ihren narkotisierten Kindersoldaten, reguläre Armeen aus Nachbarstaaten, aber ebenso zynische auswärtige „Berater" und Vertreter global agierender Rohstoffinteressenten schlagen und auf deren Ausbeutung auch unser Wohlstand in Europa beruht. Afrika ist ebenso reich an Sprachen und darin verschlüsselten Denk- und Wertesystemen, an kulturellen Traditionen, die Sprache als Ausdrucksmittel brauchen, an Musik, die – mehr als bei uns – sprachliche Mittel integriert, an erzählter wie geschriebener Literatur, die ohne Sprache nichts ist, und an überlebenswichtigen Kommunikationsstrategien, die sich vor allem in der individuellen Beherrschung mehrerer Sprachen äußern. Diesem ressourcenhaften Reichtum weiterhin mit der Strangulierung eines von oben verordneten offiziellen Monolingualismus – ob *Englisch, Französisch, Portugiesisch, Spanisch* oder *Arabisch* – begegnen zu wollen opfert die Zukunftsfähigkeit Afrikas auf dem Altar eines überholten nationalromantischen Monismus europäischer Prägung des 19. Jahrhunderts, der an der Vision von weitgehend homogenen „Nationen" orientiert war und teilweise noch ist.

Was also ist das Fazit? Was hat Sprache mit gesellschaftlicher und ökonomischer „Modernisierung" und „Entwicklung" in Afrika zu tun? Die Antwort lautet: Wenn auch nicht alles, so doch ziemlich viel, und vorrangig im Bereich des formalen und informellen Bildungswesens und damit mittelbar bei der Bekämpfung von Hunger, Massenarmut und der durch diese verursachten schwere Krankheiten. Die entsprechenden Antworten und Handlungsanweisungen liefert die *Angewandte Afrikanistik* bzw. *Angewandte afrikanistische Soziolinguistik*, wie wir sie in diesem Buch kurz vorgestellt haben, die aber natürlich auch nicht den Anspruch erheben kann, eine quasi Patentlösung für alle Probleme Afrikas parat zu haben – aber vielleicht doch für einen wesentlichen und bislang weithin

---

schutz – generell einen Nutzen für die staatliche Gemeinschaft abzusprechen. Ihr eigenes negatives Selbstwertgefühl, das scheinbar paradoxerweise aus ihren muttersprachlichen Defiziten resultiert, zwingt sie daher, sich offensiv zu einer exoglossischen Sprachenpolitik zugunsten der ex-Kolonialsprache zu bekennen – oftmals *contre coeur*, und manchmal vielleicht sogar wider besseres Wissen!

übersehenen Bereich. Dies gilt besonders für das neue Paradigma „Sprache(n) als Ressource(n)". Denn für eine optimierte Bildungs- und Entwicklungspolitik gilt der Satz:

Sprache ist nicht alles, aber ohne Sprache ist alles nichts!

Für die Praxis in Afrika heißt dies, weiterhin Mittel in die Sprachplanung und deren tatsächlich Umsetzung zu investieren, um auf intelligente Weise effektive wie effiziente Bildungssysteme zu schaffen, die auf adäquaten sprachenpolitischen Voraussetzungen beruhen. Daher sind in Zukunft weiterhin strukturelle und finanzielle Anstrengungen in dieser Richtung erforderlich, deren Kosten in jedem Fall deutlich geringer sind, als allgemein befürchtet wird – sie liegen nämlich bei nur etwa 1% Steigerung für die Mehrkosten einer adäquaten Muttersprachen-basierten multilingualen Bildungspolitik. Wer Zweifel an dieser politischen Priorisierung hat, dem sei der folgende bereits legendäre Satz ins Stammbuch geschrieben:

If you think education is expensive – try without!

Zitierte Literatur

Ehlich, Konrad: Sprachenpolitik in Europa – Tatsachen und Perspektiven. In Anthonissen, Christine und Carlotta von Maltzan (Hrsg.): *Special Issue: Multilingualism and Language Policies in Africa. Sonderausgabe: Mehrsprachigkeit und Sprachenpolitik in Africa.* (spil plus 38.) Stellenbosch University: Dept. of Linguistics. 2009. S. 26-41.

Ouane, Adama und Christine Glanz (Hrsg.): *Optimising Learning, Education and Publishing in Africa: The Language Factor. A Review and Analysis of Theory and Practice in Mother-Tongue and Bilingual Education in sub-Saharan Africa.* Hamburg-Tunis: UIL/ADEA. 2011.

Wolff, [H.] Ekkehard. Background and history – language politics and planning in Africa. In Ouane, Adama und Christine Glanz (Hrsg.): *Optimising Learning, Education and Publishing in Africa: The Language Factor. A Review and Analysis of Theory and Practice in Mother-Tongue and Bilingual Education in sub-Saharan Africa.* Hamburg-Tunis: UIL/ADEA. 2011. S. 49-102.

H. Ekkehard Wolff

Die Sprachenvielfalt in Afrika

Ein Drittel aller heute noch gesprochenen Sprachen der Erde, also mehr als 2000 von mehr als 6000, sind in Afrika beheimatet.

Die Herausforderung

Nach der immer noch einflussreichen Sprachklassifikation von Joseph H. Greenberg (1963), die allerdings in den vergangenen 50 Jahren in Teilen deutlich modifiziert und im Falle der sog. Khoisan-Sprachen inzwischen wieder revidiert wurde, sprechen wir von der Existenz von vier „genuin afrikanischen" Sprachstämmen, wobei allerdings die ursprüngliche Herkunft („Urheimat") der Afroasiatischen Sprachen, ob aus Afrika oder Vorderasien, nicht abschließend geklärt ist: *Niger-Kongo*-Sprachen, *Afroasiatische* Sprachen, *Nilosaharanische* Sprachen, *Khoisan*-Sprachen.[28] Nach den Zahlenangaben aus dem *Ethnologue* (Lewis 2009) entfallen auf die *Niger-Kongo*-Sprachen etwa 1400, auf die *Afroasiatischen* Sprachen etwa 400, auf die *Nilosaharanischen* Sprachen ca. 200, und auf die noch lebenden *Khoisan*-Sprachen höchstens 35, vermutlich deutlich weniger. Dabei schwanken die Sprecherzahlen pro Sprache im Einzelfall zwischen weniger als 10 Sprechern und mehr als 50 Millionen (im Falle des *Kiswahili* rechnet man heute sogar mit bereits 100 Millionen Sprechern, auch das *Hausa* dürfte inzwischen fast genau so viele Sprecher haben: beide Sprachen zählen zu den größten afrikanischen Verkehrssprachen; vgl. die diesen beiden Sprachen gewidmeten späteren Kapitel in diesem Buch). Dabei dürfen wir uns weder vom *Kiswahili* und *Hausa* noch von den „großen" Sprachen in Europa und in seinen ehemaligen Kolonien mit Millionen von Sprechern, wie z.B. *Deutsch, Englisch, Französisch, Portugiesisch, Russisch, Spanisch*, etc. nicht täuschen lassen: Solche „Millionensprachen" machen weltweit nur etwa 5% aus! Die für die meisten Menschen überraschende Tatsache ist, dass weltweit drei Viertel aller Sprachen, also ca. 4500 von 6000 Sprachen, weniger als 100 000 Sprecher haben, viele davon sogar weniger als 50 000! Auf Afrika bezogen heißt dies: Nur 70 bis 80 afrikanische Sprachen haben überhaupt mehr als 1 Mil-

---

28 Da hier kein Raum für ein Kolleg zu den jüngeren Ergebnissen der sog. Khoisan-Forschung ist, behalten wir diesen Sammelbegriff für die auch als „Schnalzsprachen" bekannten Gruppen vorerst bei mit der Anmerkung, dass es sich vermutlich um mindestens zwei verschiedene „Sprachfamilien" und ggf. einige isolierte Einzelsprachen handelt, von denen einige in besonders hohem Maße von „Sprachtod" bedroht sind.

lion Sprecher, auch in Afrika haben die allermeisten Sprachen von Hause aus weniger als 100 000 oder gar weniger als 50 000 Sprecher. Hohe Sprecherzahlen kommen auch in Afrika meistens dann zustande, wenn eine Sprache als *lingua franca* im Rahmen *individueller Mehrsprachigkeit* von vielen Menschen, neben deren verschiedenen Mutter- bzw. Erstsprachen, als Zweit-, Dritt- oder Viertsprache etc. genutzt wird, vielfach auch über die nationalen Grenzen hinweg (als sog. *cross-border languages*).

Entsprechend unterschiedlich ist die territoriale Verbreitung afrikanischer Sprachen. Manche sind auf ein einziges Dorf oder vielleicht sogar nur einige Hütten in einem (mehrsprachigen) Dorf beschränkt, andere werden in einer Vielzahl von Dörfern und sogar von anderen Menschen auf den Märkten der Region gesprochen, manche Sprachen reichen über Provinzen oder Teilstaaten hinaus, manche werden im ganzen nationalen Territorium eines Staates verwendet und verstanden. Einige Sprachen sind sogar über mehrere staatliche Grenzen hinweg verbreitet; solche grenzüberschreitenden Sprachen werden in Afrika immer wichtiger bei der regionalen Kooperation. So werden z.B. die ca. 11 Millionen Sprecher des *Fulfulde*, die meisten davon vermutlich Erst- bzw. Muttersprachler, in 14 Staaten Westafrikas angetroffen, und das *Kiswahili* verfügt über inzwischen ca. 100 Millionen Sprecher in 10 Staaten Ostafrikas, ähnlich wie das *Hausa* in Westafrika. Von diesen Millionen von Nutzern sind aber im Einzelfall nur die wenigsten Erst- oder Muttersprachler dieser Sprache. Dies ist besonders deutlich der Fall beim *Kiswahili*, das ursprünglich an der Küste und auf den Inseln des Indischen Ozeans zuhause ist und dort von vergleichsweise wenigen Menschen als Muttersprache erworben wurde, heute aber in vielerlei Varietäten als Zweit- und Drittsprache über große Teile Ostafrikas verbreitet ist, oft versehen mit einer offiziellen Funktionszuweisung, etwa in der Landesverfassung, als sog. Amts- und/oder Nationalsprache.

Ebenso unterschiedlich sind die Nationenprofile hinsichtlich des *territorialen Multilingualismus*, d.h. der Anzahl der indigenen Sprachen pro Staat. Eine Minderheit der afrikanischen Staaten haben nur eine einzige Hauptsprache, die von fast allen Einwohnern verstanden und verwendet wird, so z.B. Burundi, Lesotho, Ruanda, Somalia, Swasiland. Die Sprachgiganten Afrikas aber sind Nigeria (mit 400 oder gar 520 Sprachen, je nach Zählweise), Kamerun (286), Dem. Rep. Kongo (215), Sudan (vor der Unabhängigkeit des Südsudan im Jahre 2011: 142), Tschad (134), Tansania (128).

Die ewige Frage: Sprachen oder Dialekte?

Den meisten Menschen fällt es schwer sich vorzustellen, dass es, wie in Nigeria, mehr als 400 „Sprachen" geben soll oder kann, neben der Amtssprache *Englisch*. Schon ein sprachlich vergleichbar überschaubarer Staat wie die benachbarte Republik Niger mit „nur" 10 Nationalsprachen, neben der Amtssprache *Französisch*, irritiert sie. Ihre Reaktion fällt meist ähnlich aus: *Das sind doch keine „Sprachen", dabei kann es sich doch allenfalls um „Dialekte" handeln!* Damit ist ein so interessantes wie komplexes Thema der Soziolinguistik allgemein, nicht nur in der Afrikanistik, angesprochen: Was sind eigentlich „Sprachen" im Gegensatz zu „Dialekten"? Und mit was davon haben wir es in Europa zu tun, und mit was in Afrika? Warum halten wir *Dialekte* für etwas, das „weniger" ist als eine *Sprache* – und wie ließe sich das begründen?

Die entscheidende Frage ist also die nach der Abgrenzung: *Was ist eine „Sprache", was ein „Dialekt"?* Oder, anders und ebenfalls nicht ohne Berechtigung gefragt: *Wann ist ein Dialekt eine Sprache?* Der Grund für die Schwierigkeiten, auf die wir hier treffen, liegt darin, dass es – den meisten Nicht-Experten unbekannt – mindestens drei verschiedene Kriterien gibt, um „Sprache" und „Dialekt" zu definieren: Wir unterscheiden eine linguistische, eine politische, und eine historische Definition. Bleiben wir zur Erläuterung des komplizierten Sachverhalts einmal bei den eher bekannten Verhältnissen im deutschen Sprachraum.

Erster Fall: Handelt es sich bei *Plattdütsch, Kölsch, Alemannisch (z.B. Schwyzertüütsch)* etc. um Dialekte oder Sprachen? Der Laie sagt: Na klar, das sind Dialekte des Deutschen. Die irritierende Antwort des Experten ist: Nun ja – eigentlich sowohl als auch! Es handelt sich nämlich dann um Dialekte, wenn wir sie als regionale Varietäten einer gemeinsamen „Hoch-" oder „Standard Sprache", nämlich des *Neuhochdeutschen (Nhd.)*, definieren – darauf bezog sich die Antwort unseres zitierten Laien. Es handelt sich aber um verschiedene Sprachen, wenn wir das *linguistische Kriterium* für Sprache, nämlich die gegenseitige Verständlichkeit (*mutual intelligibility*), anwenden: Sprächen der Kieler, der Kölner, der Baseler so, wie ihm jenseits des in der Schule gelernten *Standard Deutsch* der redensartliche Schnabel gewachsen ist, wäre eine gegenseitige Verständigung nämlich unmöglich! Man versteht sich in der Praxis zwar, aber das nur, weil und wenn man sich an der gemeinsamen dialektübergreifenden dritten Varietät, dem *Standard Deutsch*, orientiert.

Zweiter Fall: Handelt es sich bei *Deutsch* und *Nederlands (Niederländisch)* um Sprachen oder Dialekte? Dumme Frage, sagt der Laie, ist doch klar: Es sind verschiedene Sprachen. Die korrekte Antwort ist aber auch hier: Sowohl als auch! In der Tat handelt es sich um Dialekte nach Maßgabe der Beobachtung, dass auf beiden Seiten der deutsch-niederländischen Staatsgrenze dieselbe Sprache mit allenfalls geringen Abweichungen gesprochen wird, die mit dem jeweiligen Abstand zur Grenze allerdings immer größer werden – es handelt sich bei *Deutsch* und *Nederlands* nämlich um ein sog. *Dialektkontinuum* über die Staatsgrenze hinweg. Andererseits sind es natürlich auch verschiedene Sprachen, nämlich zwei verschiedene „Staatssprachen" in zwei verschiedenen Staaten – daran hatte unser Laie sofort gedacht. Dies ist das *politische Kriterium* für Sprache. Darin erfüllt sich der schöne und unter Soziolinguisten populäre Satz: *A language is a dialect with a flag, a national anthem, and a navy.*

Neben dem linguistischen und dem politischen Kriterium gibt es dann noch das *historische Kriterium* für Sprache. Hier haben wir es mit dem sog. natürlichen Sprachwandel zu tun, als dessen Konsequenz sich ursprünglich gegenseitig verständliche „Dialekte" zu separaten „Sprachen" auseinander entwickeln können, nämlich durch zeitliche und räumliche Trennung. Nehmen wir dazu als dritten Fall *Deutsch* und *English (Englisch)*. Ganz offenbar haben wir es mit verschiedenen Sprachen zu tun (das sagen uns ja auch schon das linguistische und das politische Kriterium), wenn auch um zwei Sprachen mit gut erkennbarer genealogischer Verwandtschaft. Diese Familienverwandtschaft bildet sich ab in der folgenden vereinfachten Genealogie (Diagramm 3).

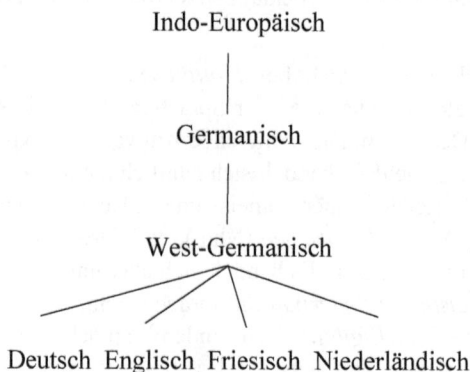

Indo-Europäisch

|

Germanisch

|

West-Germanisch

Deutsch Englisch Friesisch Niederländisch

Diagramm 3: Sprachgenealogie. Das Stammbaum-Modell am Beispiel der westgermanischen Sprachen

Der Nachweis für genealogische Sprachverwandtschaft wird in der Historiolinguistik nach der sog. komparativen Methode geführt: Dabei werden paarweise im sog. Erbwortschatz regelmäßige „Lautentsprechungsreihen" erstellt, so z.B.

English t <> *Nhd.* z, wie in *to* <> *zu*, *twig* <> *Zweig*, *tame* <> *zahm*, usw. So weit, so gut. Nehmen wir jetzt aber das *Niederdeutsche* (Nd.) zusätzlich in die Betrachtung mit auf, dann werden die Verhältnisse undurchsichtiger:

Tab. 1:   *Westgermanische Lautentsprechungen*

Eng.	Nd.	Nhd.	Eng.	Nd.	Nhd.
to	*to*	*zu*	*toe*	*tewe*	*Zehe*
two	*twe*	*zwei*	*twig*	*twich*	*Zweig*
tell	*tell(en)*	*zähl(en)*	*tide*	*tid*	*Zeit*
tame	*tam*	*zahm*	*town*	*tun*	*Zaun*

Wir erkennen unschwer, dass die Serie der regelmäßigen Lautentsprechung *t* <> *z* auf *English* und *Neuhochdeutsch* (*Nhd.*) beschränkt ist, und das *Niederdeutsche* (Nd.) sich hier gar nicht vom *Englischen*, aber dafür vom *Nhd.* deutlich unterscheidet.[29] *Eng.* und *Nd.* haben beide t, wo *Nhd.* regelmäßig den Reflex z hat! Die – zugegeben sehr verkürzte – sprachhistorische Konsequenz wäre nun, *English* und *Niederdeutsch* als Dialekte zu bezeichnen, dagegen das Verhältnis von sowohl *English* und *Neuhochdeutsch* als auch das von *Niederdeutsch* und *Neuhochdeutsch* als eines von unterschiedlichen Sprachen! Dies käme uns heute zwar kontra-intuitiv vor, kommt aber der komplexen sprachhistorischen Entwicklung der beteiligten Sprachen und Varietäten schon recht nahe! Wir müssen also sagen: Aus historischen, politischen und linguistischen Gründen handelt es sich bei *English* und *Deutsch* (*Nhd.*) um zwei verschiedene Sprachen; aus politischen Gründen gelten *Neuhochdeutsch* und *Niederdeutsch* als Dialekte, historisch gesehen sind es aber zwei verschiedene Sprachen, wobei linguistisch gesehen derzeit die Unterschiede zwischen den beiden Sprachen verschwimmen.

Wie einfach liegt da unser vierter Fall: *Deutsch* und *Suomea (Finnisch)*. Hierbei handelt es sich eindeutig um verschiedene Sprachen. Sie werden mit verschiedenen Staaten assoziiert, die noch nicht einmal geographisch benachbart sind. Es gibt daher auch keine grenzüberschreitende Dialektkontinua. Es finden sich auch keine Belege für eine genealogische Verwandtschaft, da kein erkennbarer gemeinsamer Erbwortschatz vorhanden ist – allenfalls finden wir einige im

---

29   Bei aller Vereinfachung der Darstellung wäre doch noch anzumerken, dass es zwischen verwandten Sprachen durchaus auch zu Bedeutungsverschiebungen (Bedeutungserweiterungen, -verengungen) kommen kann, wie im Falle von Engl. *tide* und *town*. Bezeichnenderweise haben Nhd. und Nd. hingegen dieselben Bedeutungen beibehalten.

Finnischen schwer zu identifizierende Lehnwörter aus dem *Deutschen* bzw. *Germanischen* (z.B. *rengas* „Ring", *kuningas* „König", *viikuna* „Feigen" etc.); das finnische Fremdwort *sauna* „Badehaus, Badestube" ist da im Deutschen schon deutlicher zu identifizieren!

Aus dem Gesagten ergibt sich zwangsläufig, dass *Sprache* und *Dialekt* keine aus sich selbst heraus verständlichen Begriffe sind; sie lassen sich ohne erklärende Ausführungen daher auch nicht eindeutig verwenden. Dies gilt für Europa ebenso wie für Afrika wie für den Rest der Welt. Und so schärft der Blick nach Afrika auch den eigenen Blick auf die heimischen Verhältnisse, nämlich bei der Frage: Wie viele „indigene" Sprachen gibt es eigentlich in Deutschland, also abgesehen von den vielen neuen Sprachen aus aller Welt, die den rezenten Migrationswellen geschuldet sind? Die vermeintlich offenkundige Antwort, nämlich „eine: *Deutsch*", ist schon einmal vorschnell und zugleich möglicherweise falsch! Wir müssen zuerst präzisieren: Was ist eigentlich *Deutsch* – eine, zwei, oder gar 16 Sprachen? Konsultieren wir zunächst den *Ethnologue* (Lewis 2009), eine unter Linguisten anerkannte und in der Regel sehr verlässliche Datenbank aller Sprachen der Welt. Demnach sind in Deutschland derzeit 27 (!) lebende Sprachvarietäten heimisch, zwei sind ausgestorben (*Altfränkisch, Polabisch*). Dazu kämen noch mindestens 50 Sprachen verschiedener Immigrantengruppen, die wir hier allerdings unberücksichtigt lassen.

Für *Deutsch* kommen folgende Zuordnungen zum Tragen – aber was davon sind Sprachen, was Dialekte (vgl. auch unseren „Ersten Fall" weiter oben)? Haben wir es mit einer einzigen Sprachen zu tun – *Deutsch*? Mit zwei Sprachen – und wenn ja, welchen: *Hochdeutsch* und *Niederdeutsch*, oder *Oberdeutsch* und *Mitteldeutsch*? Mit fünf Sprachen – *Oberdeutsch, Jiddisch, Ostmitteldeutsch, Westmitteldeutsch* und *Niederdeutsch*? Oder gleich mit sechzehn (vgl. Tab. 2)? Um das Bild zu vervollständigen und mit der Situation in Afrika vergleichbar zu machen: Zusätzlich zu den 16 deutschen Varietäten/Sprachen haben wir es mit der deutschen Gebärdensprache sowie etlichen nicht-deutschen Minderheitensprachen bei uns zu tun, zusammen also 11 weiteren Sprachen (vgl. Tab. 3).

Tab. 2:   *Deutsche „Sprachen" und „Dialekte"*

		„Sprachen"?		„Dialekte"?
Deutsch	Hochdeutsch	(1) Oberdeutsch		1. Alemannisch 2. Schwäbisch 3. Bairisch
		Jiddisch		4. Westjiddisch
		(2) Mitteldeutsch:		
		Ostmitteldeutsch		5. Deutsch (Standard Deutsch) 6. Niederschlesisch 7. Obersächsisch
		Westmitteldeutsch		8. Fränkisch 9. Kölsch 10. Letzeburgisch 11. Limburgs Plat 12. Pfälzisch
	Niederdeutsch			13. Ostfriesisch 14. Plautdietsch 15. Plattdütsch 16. Westfälisch

Tab. 3:   *Nicht-deutsche Minderheitensprachen und deutsche Gebärdensprache*

Nordgermanisch/ Nordost-Skandinavisch	17. Dänisch
Westgermanisch/Friesisch	18. Nordfriesisch 19. Saterfriesisch
Westslawisch	20. Polnisch 21. Nieder-Sorbisch 22. Ober-Sorbisch
Romani	23. Balkan-Romani 24. Sinte-Romani 25. Vlax-Romani
Gemischt[30]	26. Jenisch
Gebärdensprache	27. Dt. Gebärdensprache

Blicken wir vor diesem Hintergrund wieder nach Afrika, müssen wir uns einige Fragen stellen: Können wir die Idee, dass wir es in einem Nationalstaat mit einer Vielzahl von „Stammessprachen" zu tun haben können, weiterhin auf Af-

---

[30] Deutsch-Jiddisch-Romani-Rotwelsch.

rika beschränken, oder müssen wir akzeptieren, dass die Verhältnisse bei uns auch nicht sehr viel anders sind? Daran schließt sich die zweite Frage an: Wie „exotisch" ist eigentlich die sprachliche Vielfalt Afrikas, etwa im Vergleich zu Europa oder anderen Erdteilen? Unsere inzwischen durch Wissen geläuterte Antwort könnte lauten: Eigentlich gar nicht, das ist im Weltmaßstab quasi normal, zumal sich Biodiversität und Sprachdiversität in der Nähe des Äquators häufen und Afrika beiderseits des Äquators liegt. Da wäre große sprachliche Vielfalt ohnehin schon à priori zu erwarten! Und wir können uns weiter fragen: Haben afrikanische Sprachen dasselbe „Standardisierungspotenzial" wie z.B. die 16 Varietäten des Deutschen („Nhd."), d.h. könnte man auch in Afrika ggf. aus mehreren deutlich verschiedenen Sprachvarietäten gemeinsame Standardsprachen quasi destillieren? Auch hier wäre die Antwort affirmativ: Ja, und es ist bereits sehr erfolgreich geschehen, wie z.B. im Falle des Akan, einer Standardsprache in Ghana, die aus der Harmonisierung und Standardisierung der folgenden, von Missionaren und Kolonialisten noch als unterschiedliche „Stammessprachen" apostrophierten Varietäten erarbeitet wurde: Asante Twi, Fante, Akuapem Twi; Agona, Dankyira, Asen, Akyem Bosome, Kwawu, Ahafo. Nicht so hingegen im südafrikanischen Kontext: Das Harmonisierungs- und Standardisierungspotenzial von 7 der insgesamt 9 offiziellen Bantusprachen kann aus politisch-ideologischen Gründen derzeit und bis auf Weiteres nicht genutzt werden, wiewohl es linguistisch machbar und ökonomisch sinnvoll wäre. Unter der vorgeschlagenen Bezeichnung Nguni ließen sich unschwer die Sprachen Xhosa, Zulu, Ndebele, Swati zum Schriftgebrauch vereinheitlichen, ebenso das Sotho aus den heute noch getrennten Sprachen Nordsotho, Südsotho, Tswana. Die unselige Apartheid-Politik der Vergangenheit in Südafrika hat jedoch die „ethnischen Identitäten" entlang nicht zuletzt der linguistischen Grenzen so zementiert, dass von den Betroffenen selbst eine entsprechende Standardisierung und Harmonisierung nicht gewollt wird! Sie wollen, auch sprachlich, „getrennt" bleiben.

Halten wir abschließend fest: Zahlenangaben über territorialen Multilingualismus sind kaum je eindeutig und können bzw. müssen je nach den herrschenden Verhältnissen relativiert werden. So ist Deutschland, von den rezenten Migrantensprachen (von A, wie *Arabisch*, bis V, wie *Vietnamesisch*) abgesehen, „gefühlt einsprachig", und doch weist der *Ethnologue* für Deutschland 26 eigenständige Lautsprachen (plus eine Gebärdensprache) auf. Einige gelten als anerkannte „Minoritätensprachen" mit besonderem Status (wie z.B. *Dänisch* und *Sorbisch*), andere gelten als schon so gut wie ausgestorben (z.B. *Nordfriesisch*), von anderen hat man kaum je gehört (außer man lebt in derselben Gegend): Wer kennt schon *Saterfriesisch*, und was, bitte, ist *Jenisch*?). Roma und Sinti werden weitgehend immer noch (als „Zigeuner") diskriminiert, dass sie eigenständige Sprachen haben ist den meisten unbekannt. So entsteht das Bild einer vermeintlichen nationalstaatlichen sprachlichen Homogenität, das der historischen und linguistischen Realität Hohn spricht. Dieses verfälschte Bild wird dann gerne, z. B. im Zuge von Kolonialisierung oder Globalisierung, im Rahmen einer Ideologie von der Notwendigkeit von homogenen „Nationalstaaten" auf andere Weltgegenden übertragen.

Dies heißt auch, dass wir eine Zahl von ca. 2000 „Sprachen" in Afrika in dem Sinne relativieren müssen, wie die Potenziale der Sprachstandardisierung und -harmonisierung nicht ausgereizt sind. Vielleicht nicht in der Größenordnung 16 > 1 wie im Falle der „deutschen Sprache" (= Standard Sprache), sondern vermutlich in geringerem Umfang. Auch hier liegt ein noch sehr weites Arbeitsgebiet für eine Angewandte Soziolinguistik Afrikas als Teilbereich eine unmittelbar praxisbezogenen Afrikanistik.

Facetten der Mehrsprachigkeit: „Multilingualismus" und „Polyglossie"

Ein ganz zentrales Thema der Afrikanistik, genauer: der afrikanistischen Soziolinguistik, ist die Mehrsprachigkeit (*Multilingualismus*).[31] Wir unterscheiden zum einen die *territoriale* Mehrsprachigkeit, wie sie sich in erstellbaren Nationenprofilen beschreiben lässt. So ist die Republik Niger ein Staat mit relativ geringer sprachlicher Heterogenität, denn es finden sich nur 10 einheimische Sprachen mit muttersprachlichen Sprechergemeinschaften auf seinem Territorium. Der unmittelbare Nachbar im Süden, Nigeria, hingegen ist ein Sprachengigant: Es finden sich auf seinem Territorium mehr als 400 einheimische Sprachen!

Sodann unterscheiden wir die *institutionelle* Mehrsprachigkeit, d.h. den durch implizite oder explizite Sprachenpolitik festgelegten offiziellen Sprachgebrauch z.B. im Bildungssystem (Kindergarten, Schule, Universität, Berufsausbildung), in Religion (Kirchen, Synagogen, Moscheen, Koranschulen, „Buschschulen"), in der Politik in der Parlaments- und Regierungsarbeit (für Gesetzestexte, Verordnungen, Verlautbarungen), im Rechtssystem z.B. vor Gericht (Rechte des Angeklagten, Sprache des Protokolls), in den Medien (Printmedien, Radio, TV; staatlich/privat), etc. Auch im Gesundheitssystem (Kommunikation zwischen Arzt und Patient) und in der Wirtschaft spielt die institutionelle Mehrsprachigkeit eine Rolle, auch wenn wir hier kaum von Fällen von Sprachenpoli-

---

31   Eine jüngere und knappe Einführung in Grundfragen der afrikanischen Soziolinguistik findet sich bei Wolff (2000).

tik sprechen würden, sondern vom ad hoc Aushandeln tragbarer und zielführender Kommunikationsmuster bzgl. lokaler, regionaler, nationaler oder auch internationaler Aktivitäten.[32]

Schließlich unterscheiden wir die *individuelle* Mehrsprachigkeit, die ggf. auch in Form von sozio-kulturell etablierter Mehrsprachigkeit ganzer Bevölkerungsgruppen in Fällen sog. *stabiler* Mehrsprachigkeit anzutreffen ist. Es ist in Afrika nicht ungewöhnlich, kleinere Sprechergruppen einer sog. Minderheitensprache anzutreffen, bei denen alle Mitglieder der Sprechergruppe zwei- oder mehrsprachig sind, da sie alle, neben ihrer Erst- bzw. Muttersprache, noch mindestens eine weitere, in der Regel die regionale Verkehrssprache, beherrschen.

Am ausgeprägten Multilingualismus in Afrika sind Sprachen ganz unterschiedlicher Herkunft beteiligt. So sprechen wir von indigenen, also einheimischen afrikanischen Sprachen, soweit sie nach der einflussreichen und für Jahrzehnte wegweisenden Sprachklassifikation von Joseph H. Greenberg (1963) einer der folgenden vier Großgruppierungen im Sinne vermuteter genealogischer Verwandtschaft („Sprachstämme") angehören: *Afroasiatische Sprachen, Khoisan-Sprachen, Niger-Kongo-Sprachen, Nilosaharanische Sprachen.* Daneben finden wir jedoch auch viele Sprachen außerafrikanischer Herkunft in Afrika, die in historischer Zeit, also etwa im Laufe der vergangenen 2-3000 Jahre, nachweislich nach Afrika importiert wurden – darunter die inzwischen ausgestorbene Sprache der Phönizier (die Römer nannten sie „Punier") im heutigen Tunesien, das *Madegassische* auf Madagaskar, das *Arabische*, die Sprachen der europäischen Missionare und Kolonialmächte, also vor allem *Englisch, Französisch, Portugiesisch, Spanisch*, aber auch *Deutsch* und *Niederländisch*, sowie die im Laufe des zumal britischen Kolonialismus nach Afrika importieren Sprachen von Kontraktarbeitern aus Indien und Südostasien. Die zeitgenössische Globalisierung bringt weitere bedeutende Sprachen nach Afrika, wie z.B. das *Mandarin* aus China.

Es gehört zum Wesen von Mehrsprachigkeit angesichts der vielfältigen Funktionen von Sprache als Instrument und Symbol politischer, wirtschaftlicher, kultureller und religiöser Macht, dass territoriale Mehrsprachigkeit zu „poly-

---

32 Es ist interessant festzustellen, dass in Afrika nur ca. 10% der wirtschaftlich aktiven Bevölkerung im sog. formellen Sektor tätig sind, 90% hingegen im sog. informellen Sektor. Diese Prozentverteilung entspricht in etwa auch der der durchschnittlichen Sprachkompetenz in den offiziellen Amtssprachen Englisch, Französisch, Portugiesisch, nämlich zwischen von Fall zu Fall 5% und 15%, während nahezu 100% der nationalen Bevölkerungen sich problemlos ihrer jeweiligen einheimischen Muttersprache bzw. mehrerer (afrikanischer) Sprachen bedienen!

glossischen" Verhältnissen führt. Unter *Polyglossie* wollen wir das Macht- und Prestigegefälle zwischen Sprachen (oder Varietäten von Sprachen) verstehen, wobei die einen Sprachen „oben" auf der Skala verortet werden, also viel Macht und Prestige genießen, während andere Sprachen (oder Sprachformen) „unten" auf derselben Skala lokalisiert werden und damit als ohnmächtig und unterwertig wahrgenommen werden. Entsprechend ist in Afrika die Beherrschung von Sprachen mit sozialer Mobilität, politischem Einfluss und wirtschaftlichem Erfolg verknüpft. Zugleich besteht eine umgekehrte Proportionalität zur Verbreitung der Sprachen: Während die „unteren" Sprachen von praktisch allen Mitgliedern der Gesellschaft als quasi „Muttersprachen" verwendet werden, nimmt die Zahl derer, die Sprachen in den höheren Rängen der Macht- und Prestigeskala beherrschen, ab, und zwar in dem Maße, wie der Zugang zur Beherrschung der Prestigesprachen durch das formale Bildungssystem restriktiv geregelt wird. Im Extremfall, und der ist in Afrika fast der Regelfall, haben nur Mitglieder einer kleinen Machtelite aufgrund sprachlicher Bevorteilung Zugang zu qualitativ guter und höherer Bildung in der Amtssprache, während die „Massen" durch sprachliche Defizite in den von ihnen genutzten Bildungseinrichtungen am sozialen Aufstieg gehindert werden. Diese Situation wird in der folgenden stark schematisierten „Polyglossie-Pyramide" graphisch dargestellt:

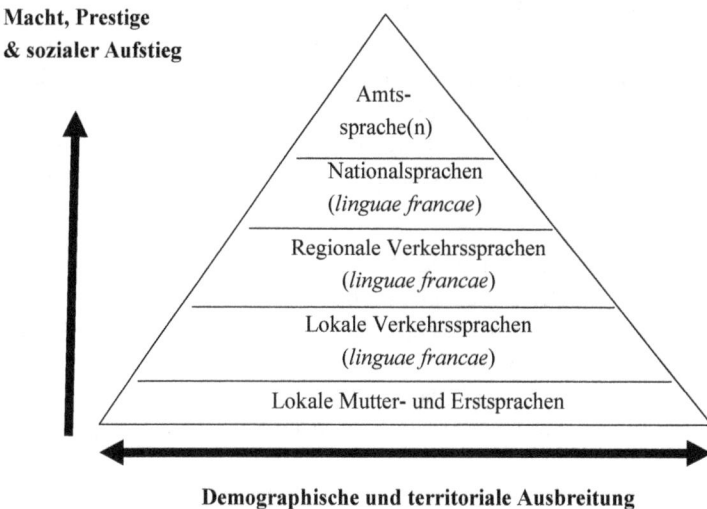

Macht, Prestige
& sozialer Aufstieg

Amts-
sprache(n)

Nationalsprachen
(*linguae francae*)

Regionale Verkehrssprachen
(*linguae francae*)

Lokale Verkehrssprachen
(*linguae francae*)

Lokale Mutter- und Erstsprachen

Demographische und territoriale Ausbreitung

Diagramm 4. Die Polyglossie-Pyramide in Afrika (Sub-Sahara)(Quelle: Wolff 2011: 65)

Wenn wir uns die ganze Komplexität der afrikanischen Mehrsprachigkeitsverhältnisse vergegenwärtigen wollen, könnten wir uns an einem Schichtenmodell orientieren, das von 4 oder gar 5 sich teilweise überlagernden sprachlichen Schichten (Strata) ausgeht. Für jedes Stratum werden wir eine Sprachenkarte zur Illustration beifügen.

Stratum 1 beschreibt die ererbten Sprachen, wie sie von praktisch 100% der Bevölkerung für die gruppeninterne Kommunikation eingesetzt wird. Wir sprechen hier auch von den indigenen Mutter- oder Erstsprachen.

Stratum 2 umfasst diejenigen der ererbten Sprachen, die von großen Teilen der afrikanischen Bevölkerungen für die gruppenexterne Kommunikation im Rahmen von individueller Mehrsprachigkeit eingesetzt werden können. Wir sprechen hier dann von indigenen Zweitsprachen bzw. *linguae francae* (im Singular: *lingua franca*) bzw. „Verkehrssprachen".

Stratum 3 beschreibt zusätzlich erworbene Hilfssprachen für die gruppenexterne Kommunikation, die nun aber nicht auf der Basis von indigenen afrikanischen Sprachen entstanden sind. Wir haben es dabei zum einen mit *Arabisch*-basierten Pidgin- oder Kreolsprachen zu tun, deren Verbreitung in Afrika mit 1300 Jahren Ausbreitung des Islam in Verbindung steht, zum anderen mit Kolonialsprachen-basierten Pidgin- oder Kreolsprachen, deren Entstehung mit frühkolonialem Handel, Mission, Kolonialismus, und heute Globalisierung in Verbindung zu bringen ist.[33]

Bei Stratum 4 sprechen wir von den zusätzlich erworbenen Amts-/ Staatssprachen für zunächst gruppenexterne Kommunikation zu Zwecken oder infolge von vertikaler sozialer Mobilität. Dies ist insbesondere der Fall aufgrund von formaler Bildung, Erhöhung des sozialen und ökonomischen Status, und damit Anteilnahme am öffentlichen Leben sowie am formellen Sektor des Wirtschaftslebens.

Dort, wo im Wesentlichen die kolonialen Machtstrukturen von den neuen Eliten übernommen wurden, spielen die exoglossischen sprachlichen Ressourcen, also die ehemaligen Kolonialsprachen, die entscheidende Rolle. Anderswo in Afrika, z.B. in Äthiopien und Tansania, wo sich präkoloniale bzw. innovative postkoloniale Machtstrukturen durchgesetzt haben, können dies auch endoglossische sprachliche Ressourcen sein, wie z.B. *Amharisch* im Falle von Äthiopien, und

---

33   Zur terminologischen Klärung: Von *Pidgin*sprachen reden wir, wenn eine grammatisch und lexikalisch „reduzierte" Hilfssprache nur zusätzlich zu jeweils eigenen Mutter- oder Erstsprachen verwendet wird. Von *Kreol*sprachen reden wir, wenn eine ehemalige Hilfssprache von Sprechern als Erst- oder Muttersprache verwendet wird und einen entsprechenden lexikalischen und grammatischen „Ausbau" erfahren hat.

Kiswahili im Falle von Tansania.[34] Es ist eine neuere und vor allem in den großen Städten in Afrika zu beobachtende Erscheinung, dass die ehemaligen Kolonial- und heutigen Amtssprachen innerhalb der gebildeten Klasse auch zuhause und für die gruppeninterne Kommunikation eingesetzt werden. Dies geht in der Regel mit dem dramatischen Abbau der Verwendung und damit auch der Beherrschung der ursprünglichen Mutter- und Erstsprachen einher. Kurz: Die gebildeten Schichten in Afrika verweigern ihren eigenen Muttersprachen den intellektuellen Humus, in dem sie zu voll funktionalen Sprachen des 21. Jahrhunderts heranwachsen können, indem sie selbst diese Sprachen aus der anspruchsvollen Kommunikation verbannen! Denn nur im intellektuellen und thematisch anspruchsvollen Gebrauch können sich Sprachen, in Afrika wie anderswo auf der Welt, lexikalisch „modernisieren" und „entwickeln". Experten sprechen von der Notwendigkeit, afrikanische Muttersprachen zu „intellektualisieren", so z.B. durch regelmäßigen Gebrauch in weiterführenden Schulen und Universitäten, in Wissenschaft, Philosophie, Politik und Wirtschaft.

Die ca. 2000 indigenen Mutter- bzw. Erstsprachen des Stratum 1 in Afrika gehören, einschließlich des seit dem 7. Jahrhundert nach Nordafrika importierten *Arabisch*, einer der 4 indigenen Sprachstämme Afrikas nach der einflussreichen Klassifikation von Joseph H Greenberg (1963) an. Etliche dieser Sprachen haben im Laufe ihrer Geschichte große geographische Verbreitung und vielfach auch eine Bedeutung als *lingua franca* ("Verkehrssprache") erworben oder spielen, wie das *Hadza* und das *Sandawe* in Tansania, eine so spektakuläre wie spekulative Rolle in viel diskutierten Theorien über großräumige sprachliche Beziehungen in Afrika (Karte 1).[35]

---

34 *Exoglossisch* bezeichnet den Gebrauch importierter Sprachen, *endoglossisch* den Gebrauch einheimischer Sprachen.

35 So werden Hadza und Sandawe als „isolierte Sprachinseln" in Ostafrika, etwa in der Sprachklassifikation von Joseph H. Greenberg (1963), mit den Khoisan-Sprachen des südlichen Afrika in Verbindung gebracht und gern als Beleg für die Theorie herangezogen, dass vor der großräumigen Verbreitung der Bantusprachen in den vergangenen 2-3000 Jahren über den ganzen südlichen Teil des Kontinents („Bantu-Expansion"), ausgehend vom Grenzgebiet Nigeria-Kamerun in Westafrika, die gesamte Region entlang des sog. Ostafrikanischen Grabens (*Rift Valley*) vom heutigen Äthiopien bis nach Südafrika, Botsuana und Namibia, ursprünglich von Khoisan-sprechenden Bevölkerungen besiedelt gewesen wäre.

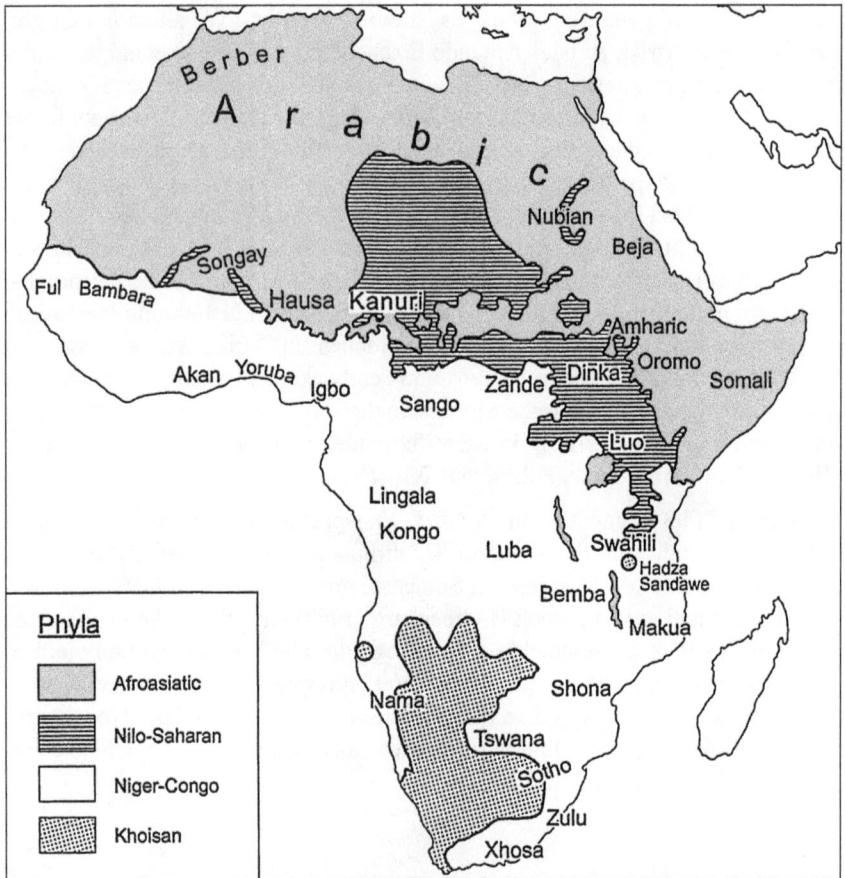

Karte 1:   *Die indigenen Sprachstämme Afrikas (nach Greenberg 1963; Quelle: Heine &*
         Nurse 2000)

Als Stratum 2 dienen viele dieser indigenen Erst- bzw. Muttersprachen als Zweit- und Drittsprachen für die gruppenexterne Kommunikation, d.h. als lokale, regionale oder supraregionale Verkehrssprachen – viele davon grenzüberschreitend (Karte 2).

Karte 2: Indigene afrikanische linguae francae unterschiedlicher regionaler Distribution - plus Arabisch (Quelle: Heine & Nurse 2000)

Eine besondere Beachtung verdient das „arabophone" Afrika im Norden des Kontinents. Als Folge der frühen Islamisierung seit dem 7. Jhd. wurde *Arabisch* zur dominanten Sprache in den heutigen Maghrebstaaten und wird, in den Staaten Nordafrikas in durchaus unterschiedlichen Relationen, von Teilen der Bevölkerung als Erst- bzw. Muttersprache verwendet, während die *berber*sprachigen Bevölkerungsteile *Arabisch* als mehr oder weniger aufgezwungene Zweitsprache gebrauchen. *Arabisch* ist zugleich auch Symbol des Islam und eines damit verbundenen außerafrikanischen Kulturkomplexes. Zwischen Sudan und Mauretanien nimmt *Arabisch* gelegentlich *lingua franca* Funktionen an, neben seinem hohen Prestige als Sprache des Islam und der darauf gründenden Rechts- und Wissenschaftstraditionen. Die soziolinguistische Entwicklung außerhalb des

Maghreb hat in der Regel jedoch nicht dazu geführt, dass indigene afrikanische Sprachen durch das *Arabische* verdrängt oder ersetzt wurden (Karte 3).

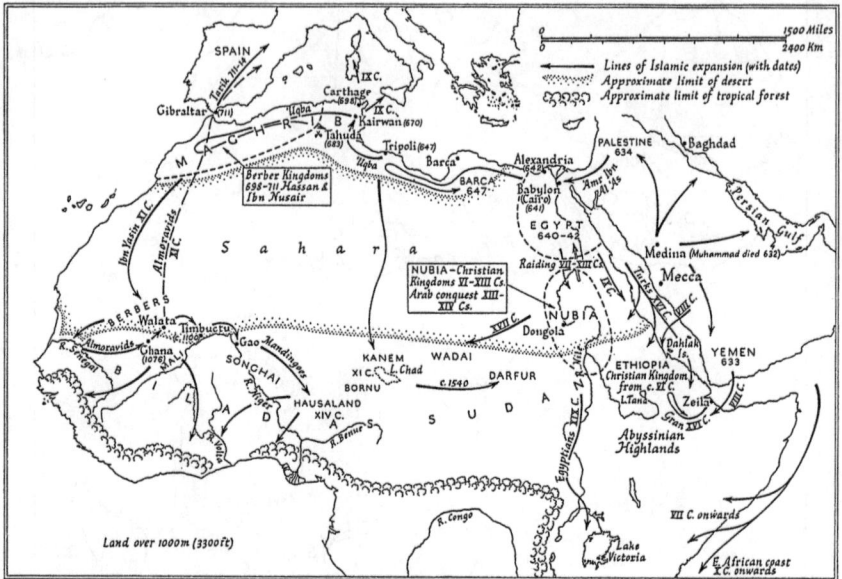

Karte 3:   Die Verbreitung von Arabisch und Islam in Afrika (Quelle: Fage 1978)

Als Stratum 3 hatten wir die Pidgin- und Kreolsprachen in Afrika apostrophiert, die sowohl im Kontakt mit dem *Arabischen* und den Sprachen europäischer Herkunft, aber auch im Kontakt unter indigenen afrikanischen Sprachen als quasi Hilfssprachen entstanden sind. Als typische „Kontaktsprachen" finden sie sich vorrangig entlang von historischen See- und Handelswegen, aber auch innerafrikanischen Verkehrs- und Pilgerrouten (Karte 4).

Petit
Mauresque

Cape
Verde
Creole

Kryòl
Gambian Krio (Aku)

Crioulo
Krio
(A)Merico
Liberian Pidgin English
Kru Pidgin English
Petit Nègre

West African Pidgin English

Fernando Po Creole

Gulf of Guinea
Portuguese Creoles
(Annobon, Sao Tomé, Principe)

Barikanci

Cameroon
Pidgin
English

Ewondo
Populaire

Congo Pidgins

Tekrur

Sango

Asmara
Pidgin
Italian

Juba Arabic

Seychellois

Swahili
Pidgins

St. Helena Creole

Zambia
Pidgins

Mauritian
(French
Creole

Rodrigues
Creole
Morisyen

Réunionnais

Afrikaans
Pidgin

Fanakalo

Cape Dutch

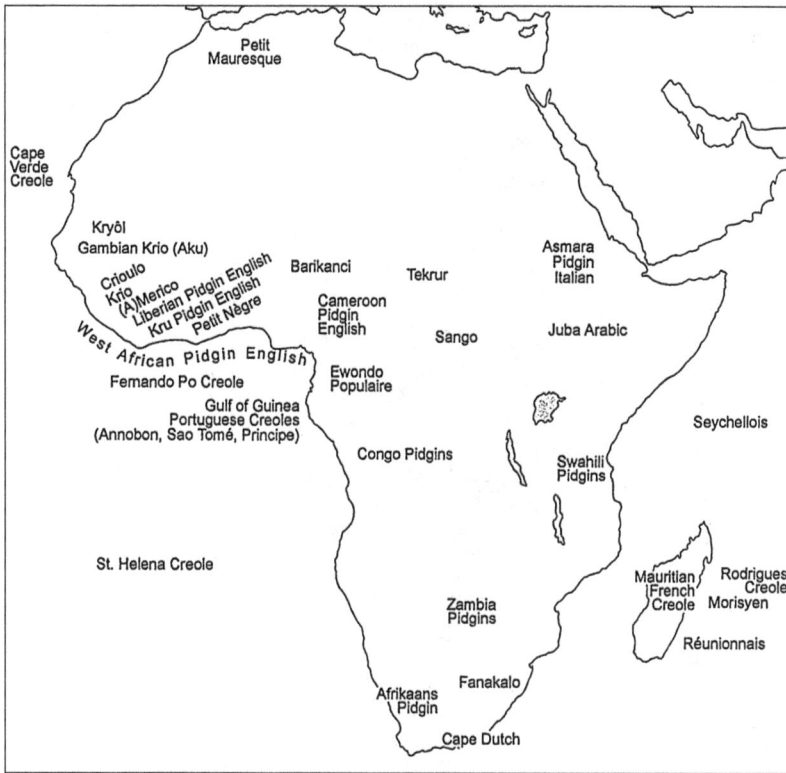

Karte 4:   Pidgin- und Kreolsprachen in Afrika und auf den Inseln (Quelle: Heine & Nurse 2000)

Das heutige Bild der sprachlichen Situation in Afrika wird jedoch geprägt vom Stratum 4, als das wir die weitgehend exoglossischen Amtssprachen bezeichnen, in denen sich die Geschichte des Kolonialismus spiegelt. Wir sind daher gewohnt, von *anglophonen, frankophonen* und *lusophonen* Staaten in Afrika zu sprechen, wiewohl in diesen Staaten nur zwischen 5% und weniger als 20% der Bevölkerung, und dies zumeist auch nur in den Städten, dieser ex-kolonialen Amtssprachen hinreichend mächtig sind (Karte 5). Erst langsam setzen sich in Afrika sprachenpolitische Alternativen durch, in denen – neben den Sprachen europäischer Provenienz – verstärkt auch indigene Sprachen von nationaler Bedeutung (als sog. *Nationalsprachen*) eine zunehmend wichtigere Rolle zu spielen beginnen. Beispiele hierfür sind das Post-Apartheid Südafrika mit 11 offiziellen Sprachen (neben *Englisch* und *Afrikaans* gehören dazu 9 einheimische *Bantus*prachen), das nach-imperiale und post-sozialistische Äthiopien mit seiner neuen föderalen, an ethnischen und sprachlichen Majoritäten orientierten politischen Struktur, aber auch die Demokratische Republik Kongo mit ihren regional dominanten indigenen *linguae francae*.

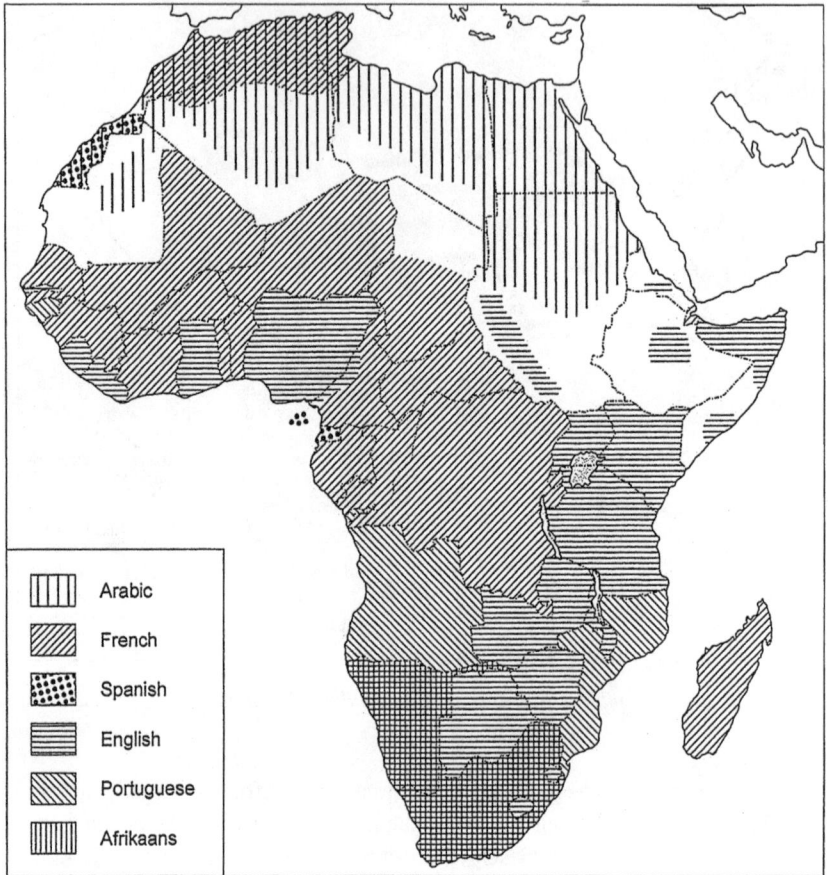

Karte 5:   Exogene Amtssprachen in Afrika (Quelle: Heine & Nurse 2000)

Möglicherweise beobachten wir derzeit in Afrika die Entstehung eines Stratums 5, allerdings beschränkt auf die afrikanischen Megastädte. Seit Jahren erfahren wir von der Dynamik neuer Sprachformen unter Jugendlichen, die wir als „Kiezsprachen" (*new urban vernaculars*) bezeichnen können. Ursprünglich in den großstädtischen Ghettos jugendlicher Kleinkrimineller und Straßenbanden entstanden, stehen diese Kiezsprachen heute bereits für ein neues Lebensgefühl. Es handelt sich um *Lifestyle*-Sprachen, die einfach *cool* sind, und die längst die sprachlichen Kommunikationsmuster auch von Oberschülern und Studenten, ja sogar von deren Professoren bestimmen. Die bekanntesten dieser afrikanischen Kiezsprachen sind in Nairobi und anderen kenianischen Städten das *Sheng* (*Kiswahili*-basiert), in Johannesburg das *Iscamtho* (*Zulu*-basiert) und das *Tsotsitaal* (*Afrikaans*-basiert), in Abidjan das *Nouchi* (*Französisch*-basiert), in Dakar das *Franlof* (*Französisch-Wolof*), in Yaoundé das *Camfranglais* (Kameruner *Französisch-Englisch*). Diese Kiezsprachen sind, neben ihrer *Lifestyle*-Symbolik, aber auch eine Reaktion auf die post- bzw. neokoloniale Dominanz und den sprachlichen Kulturimperialismus der ehemaligen Kolonialmächte (inkl. der sogenannten Globalisierung). Sie sind der Versuch einer „Enteignung" der ex-Kolonialsprache im Sinne einer „Afrikanisierung". Zugleich äußert sich hier ein Generationenkonflikt in Verbindung mit einem Stadt-Land Gegensatz: Die Jugendlichen verachten die Großeltern- und Elterngeneration für ihre „koloniale" Anpassung und wenden sich gegen Missionsstandards der frühen Alphabetisation und Postalphabetisation afrikanischer Sprachen. Es handelt sich vor allem um den Ausdruck einer neuen urbanen Identität der Jugend, ungeachtet der Herkunft dieser noch längst nicht gefestigten und ständig kreativ veränderten Sprachformen aus den kleinkriminellen Ghettos. Prophetische Soziolinguisten wagen die Voraussage, dass aus diesen hybriden urbanen Sprachformen eines Tages neue und symbolträchtige Nationalsprachen entstehen könnten, etwa ein „Kamerunisch", ein „Ivorianisch", „Kenianisch", oder „Südafrikanisch". Die Zeit wird es erweisen.

Zitierte Literatur

Fage, J. D.: *An Atlas of African History*. 2nd edition. London: Edward Arnold (Publishers). 1978.

Greenberg, Joseph H.: *The Languages of Africa*. Den Haag: Mouton. 1963.

Lewis, M. Paul (Hrsg.): *Ethnologue: Languages of the World*, Sixteenth edition. Dallas, Tex.: SIL International. 2009. Online version: http://www.ethnologue.com/

Heine, Bernd und Derek Nurse (Hrsg.): *African Languages. An Introduction*. Cambridge: Cambridge University Press. 2000.

Wolff, H. Ekkehard. Language and Society. In Heine, Bernd und Derek Nurse (Hrsg.): *African Languages. An Introduction*. Cambridge: Cambridge University Press. 2000. S. 298-347.

Ari Awagana

Das HAUSA: Eine weitgehend unbekannte afrikanische „Weltsprache"

Einleitung

Den meisten deutschsprachigen Menschen ist das Hausa kein Begriff. Unsere jährlich neuen Afrikanistikstudenten an der Universität Leipzig behaupten oft, vor ihrer Entscheidung, Afrikanistik studieren zu wollen, zwar schon mal von Swahili als afrikanischer Sprache gehört zu haben, aber niemals von Hausa, geschweige denn von den übrigen 2000 afrikanischen Sprachen. Dieses Kapitel bietet eine zusammenfassende Darstellung der Hausa-Sprache: Wir verfolgen ihre Entstehungsgeschichte und ihre Entwicklung zu einer der großen sog. Verkehrssprachen und betrachten einige ihrer typologischen Merkmale, die in der Wissenschaftswelt schon immer auf großes Interesse gestoßen sind. Vielleicht kann dieses Kapitel dazu dienen, weitere Interessierte dazu zu bewegen, sich mit dem Hausa und seinen Sprechern zu beschäftigen und mehr über sie erfahren zu wollen: an einigen der universitären Afrikanistik-Institute in Deutschland und im benachbarten europäischen Ausland besteht dazu die Möglichkeit.

Im Gegensatz zu der Tatsache, dass die Sprache in breiten Bevölkerungskreisen in Europa praktisch unbekannt ist, gehört das Hausa zu den bedeutendsten und am besten erforschten Sprachen Afrikas. Allein in den letzten zwei Jahrzehnten sind drei umfangreiche Referenzgrammatiken erschienen, die Einblicke in die Struktur der Sprache von verschiedenen Blickwinkeln aus verschaffen (Wolff 1993 mit 529 S. Umfang in deutscher Sprache, Newman 2000 mit 760 S. und Jaggar 2001 mit 754 S. in englischer Sprache). Die Geschichte der Erforschung der Hausa-Sprache ist auf das Engste mit deutsch(sprachig)er Gelehrsamkeit verbunden. Der erste Sprachforscher, der bereits 1843 und danach umfangreiche Publikationen (Grammatik, Wörterbuch, Textsammlungen) über das Hausa angefertigt hat, war Friedrich Schön (1803-1889), ein Linguist und Pfarrer deutscher Abstammung im Dienst der britischen *Church Missionary Society*. Nach ihm haben mehrere deutsche Sprachforscher, wie der berühmte Entdeckungsreisende und gelernte Geograph Heinrich Barth (1821-1865), der Orientalist Hans Stumme (1864-1936), der Missionar und Sprachforscher Adam Mischlich (1864-1948), die Afrikanisten Diedrich Westermann (1875-1956) und August Klingenheben (1886-1967) zur frühen Entwicklung der Hausa-Sprachforschung und -lehre beigetragen, später auch weitere deutschsprachige Afrikanisten wie Johannes Lukas (1901-1980), Herrmann Jungraithmayr

(*1931), H. Ekkehard Wolff (*1944), und andere. Im Zuge dieser wissenschaftlichen Aktivitäten hat sich auch der Hausa-Sprachunterricht in Deutschland bereits früh entwickelt, so dass schon zu Beginn des vorigen Jahrhunderts das Hausa an mindestens drei Universitäten in Berlin (nach 1885), Leipzig (nach 1895) und Hamburg (nach 1909) unterrichtet wurde – und dies fast ununterbrochen bis heute (inzwischen auch an anderen deutschsprachigen Universitäten, wie Bayreuth, Frankfurt a.m., Köln, Mainz und Wien).

Die Frühgeschichte des Hausa

Das Hausa gehört, wie die meisten Sprachen der Welt, zu einer größeren Sprachfamilie, deren Ursprung, Entwicklungsgeschichte und Verwandtschaftsbeziehungen unter einander die historische Linguistik aufgrund vergleichender Untersuchungen bestimmen kann.[36] Das Hausa wird, nach anfänglichen Perioden der Unsicherheit bei der endgültigen genealogischen Zuordnung, heute unwidersprochen als eine „afroasiatische" Sprache klassifiziert; seit gut 60 Jahren ersetzt die Bezeichnung „Afroasiatisch" die ältere und sachlich nicht mehr haltbare Bezeichnung „Hamitosemitisch". Das Hausa teilt daher Belege in seinem Lexikon („Erbwortschatz") sowie gemeinsame Züge in seinem Laut- und Pronominalsystem sowie in seiner Nominal- und Verbalmorphologie mit anderen Sprachen, die als „afroasiatisch" klassifiziert werden, so z.B. mit den semitischen Sprachen, den Berbersprachen, den kuschitischen und omotischen Sprachen, und mit dem Altägyptischen.

Der Afroasiatische Sprachstamm

Der afroasiatische Sprachstamm umfasst 371 bislang identifizierte Sprachen. Er wird im Allgemeinen in 6 Familien unterteilt.[37] Seine Sprachen finden sich im

---

36   Von wenigen Ausnahmen abgesehen, lassen sich die ca. 6000 Sprachen, die heute noch auf der Welt gesprochen werden, einer der vielen sog. Sprachfamilien zuordnen. Einige wenige Sprachen entziehen sich einer solchen Klassifikation und gelten daher als „isolierte" Sprachen, wie z.B. Baskisch in Europa, Koreanisch in Asien, oder Hadza in Afrika.

37   In der historischen Linguistik unterscheiden einige Autoren die Bezeichnungen „Sprachstamm" und „Sprachfamilie". Manche Autoren sprechen von einem „Sprachstamm", wenn die Verwandtschaftsbeziehungen der darin enthaltenen Sprachen (noch) nicht abschließend auf der Basis der vorherrschenden „komparativen Methode" bestimmt werden konnten, und sie sprechen von „Sprachfamilie", wenn die Verwandtschaftsbeziehungen nach Maßgabe dieser Methode eindeutig bestimmt werden konnten. Andere Autoren verwenden den Begriff „Sprachstamm" für eine übergeordne-

Norden und Osten Afrikas sowie auf der arabischen Halbinsel verbreitet. Die erste Familie des Afroasiatischen besteht nur aus einer, inzwischen ausgestorbenen, Sprache, dem *Altägyptischen*, das ja bekanntlich auf über mehr als 4500 Jahre geschriebene Geschichte, beginnend mit den Hieroglyphen, zurückblicken kann und das auf komplexen Wegen bis heute nur in der Liturgiesprache der koptischen Christen in Ägypten quasi überlebt hat („Koptisch"). Die zweite Familie bilden die *semitischen* Sprachen, zu denen u.a. Arabisch und Hebräisch gehören sowie etliche bereits ausgestorbene Sprachen des Alten Orients, wie z.B. Akkadisch und Ugaritisch, dazu über 50 Varietäten lebender Sprachen überwiegend in Afrika, so z.B. Amharisch und die Gurage-Sprachen in Äthiopien und Tigrinya in Teilen Äthiopiens und in Eritrea. Die dritte Familie der afroasiatischen Sprachfamilie bilden die *Berbersprachen* in Nordafrika. Es sind etwa 25 Sprachen oder Varietäten, die von Ägypten (dort wird die östlichste Berbersprachen, das Siwi, in der Oase Siwa gesprochen), über Libyen, Tunesien, Algerien, Marokko und Mauretanien (dort als Zenaga bekannt) verbreitet sind; hierzu zählt auch das Tamasheq, das von den Tuareg in der Zentralsahara bis weit nach Süden in die Sahelzone gesprochen wird, vornehmlich in den Ländern Algerien, Burkina Faso, Libyen, Mali und Niger. Die zwei weiteren Familien des Afroasiatischen bilden das *Kuschitische* und das *Omotische*, die in manchen Studien lange Zeit als eine einzige Sprachfamilie angesehen wurden (gelegentlich wird die Zugehörigkeit der omotischen Sprachen zum Afroasiatischen überhaupt angezweifelt). Sie werden alle in Ostafrika (Sudan, Eritrea, Äthiopien, Somalia, Kenia, Uganda, nördliches Tansania) gesprochen. Die letzte Familie der afroasiatischen Sprachen bilden die *tschadischen* Sprachen, zu denen das Hausa gehört.

Die Sprachfamilie der Tschadischen Sprachen

Die etwa 140 sog. tschadischen Sprachen werden rund um den namengebenden Tschadsee, hauptsächlich in Kamerun, Niger, Nigeria und Tschad gesprochen. Das Tschadische wird inzwischen herkömmlicherweise in vier Zweige aufgeteilt: (1) Das *Westtschadische* mit dem Hausa und anderen Sprachen vornehmlich in Nigeria, (2) das *Zentraltschadische* (auch Biu-Mandara genannt) mit vielen relativ kleinen Sprachen, wie Buduma auf den Inseln des Tschadsees oder Lamang in den Mandara-Bergen entlang der Grenze zwischen Nigeria und Ka-

---

te Einheit (bei wieder anderen Autoren „Makro-Familie" genannt), die mehrere Sprachfamilien zusammenfasst. Je nach Autor kann daher ein Sprachstamm mehrere Sprachfamilien umfassen. So sprechen auch wir hier vom Sprachstamm Afroasiatisch mit seinen 6 Sprachfamilien (Alt-) Ägyptisch, Berberisch, Kuschitisch, Omotisch (Zuordnung noch zweifelhaft), Semitisch, und Tschadisch.

merun, (3) das *Osttschadische* mit Sprachen wie Kera und Mubi im heutigen Tschad, und (4) die Sprachgruppe um das Masa entlang des Logone-Flusses in Kamerun und im Tschad.

Das Hausa ist die einzige unter den tschadischen Sprachen, die mehrere Millionen Sprecher hat. Einige tschadische Sprachen werden von ein paar hunderttausend Menschen gesprochen und gelten als nicht gefährdet; die kleineren Sprachen sind mittelfristig vom Aussterben bedroht, da sie von großen Verkehrssprachen wie Hausa, Fulfulde, Arabisch verdrängt und ohnehin nur noch von einigen tausend oder gar nur von einigen hundert Menschen gesprochen und an deren Kinder weitergegeben werden.

Die Klassifizierung des Tschadischen als eine Familie der Afroasiatischen Sprachen war wissenschaftsgeschichtlich bis zur Mitte des 20. Jahrhunderts ein lange umstrittenes Thema mit wechselnden Theorien. Bereits 1880 war Lepsius von einer besonderen Affinität zwischen Hausa und Berber überzeugt und fügte seiner damals sog. „hamitischen" Familie eine Hausa-Berber-Gruppe hinzu. Zu der Zeit war die sog. „Hamitentheorie" die herrschende Meinung, und entsprechend wurden einige Sprachen in Afrika als „hamitisch" klassifiziert – eine Klassifikation, die sich schnell als nicht begründet und nicht haltbar erwiesen hat und die schon seit gut 80 Jahren hinfällig ist! In seiner Klassifikation von 1912 („Die Sprachen der Hamiten") sieht Carl Meinhof zudem die „Hamiten" als sog. Herrenrasse (ursprünglich „kaukasoiden" Ursprungs, also im Wesentlichen aus Europa stammend) in Afrika an, die in linguistischer Hinsicht sowohl von den Sprachen der „negroiden" Afrikaner beeinflusst wurden als auch diese beeinflusst haben, woraus sich durch „Sprachmischung" in weiten Teilen Afrikas eine gewisse Angleichung der Sprachen bzw. die Entstehung eigener Familien von „Mischsprachen" ergeben hätten. Er gründete seine Klassifikation auf eine heute nicht mehr akzeptable Vermengung sprachgenealogischer, sprachtypologischer und anthropologischer Kriterien. Bereits wenig später entzog August Klingenheben mit seinen Studien zur Sprache der Ful der Meinhofschen Hamitentheorie die linguistische Grundlage! Es war dann der Amerikaner Joseph H. Greenberg, der ab 1949 die binäre Unterscheidung zwischen semitischen und „hamitischen" Sprachen innerhalb eines bis dahin angenommenen „hamitosemitischen" Sprachstammes endgültig aufhob: Er ersetzte die alte Bezeichnung „Hamitosemitisch" durch *Afroasiatisch* und klassifizierte die von ihm „Tschad-Sprachen" genannte Familie endgültig als fünfte gleichgeordnete Familie innerhalb des Afroasiatischen, neben Altägyptisch, Berberisch, Kuschitisch (inkl. der heute „Omotisch" genannten Sprachen) und Semitisch. Anderen Sprachforschern, wie dem Deutsch-Österreicher Johannes Lukas, war die grundsätzliche Zusammengehörigkeit der tschadischen Sprachen untereinander schon früher bewusst, auch wenn er sie zugleich als mehr oder minder „gemischt" typologisiert und entsprechend zwischen „tschadohamitischen" und „tschadischen" Sprachen unterschieden hatte (Lukas 1936a, 1936b, 1937/38).

Heute ist die Klassifikation der Afroasiatischen Sprachen und damit auch der Tschadischen Sprachen in der Wissenschaft endgültig anerkannt, damit ist der Afroasiatische Sprachstamm einer der am wenigsten umstrittenen Sprachstämme Afrikas – mit Ausnahme der Frage nach der Stellung der „Omotischen" Sprachen darin.

Die Entstehung des Hausa

Auch wenn das Hausa als Verkehrssprache in vielen Gegenden West-, Nord-, Zentral- und Nordostafrikas auch in der sog. Diaspora zu finden ist, so liegt doch heute das angestammte Siedlungsgebiet der Hausa in Nordnigeria und Südniger. Ihre Her- und Ankunft in der Region, wo sie heute dominant vertreten sind, werden aber unterschiedlich erklärt. Das linguistische Erklärungsmodell sieht eine frühe Abspaltung des Tschadischen von der afroasiatischen „Ursprache", die entweder auf dem afrikanischen Kontinent gesprochen wurde oder aus dem Nahen Osten bzw. von der arabischen Halbinsel nach Afrika eingewandert ist, vor. Blench (1999, 2006) z.B. meint, dass die tschadischen Sprachen die älteste Abzweigung vom Afroasiatischen sein könnten und dass sie ursprünglich aus einem Gebiet unweit vom Nil über den Wadi Howar in die Tschadsee-Region eingewandert seien:

> If so, then proto-Chadic speakers may have migrated westwards along the now dry Wadi Howar, reaching Lake Chad 3-4000 years ago. (Blench 1999)

Ehret (2002) hatte dagegen ein anderes Szenario mit zwei Etappen vorgeschlagen: Eine erste Migration aus der Niltalregion Richtung Zentrum der Sahara, und dann eine zweite Migration Richtung Tschadsee vor etwa 5000 Jahren.

In einem neueren Artikel erklärt Blench (2010), dass die Sprecher tschadischer Sprachen wahrscheinlich vor 3000 Jahren vom Tschadsee wiederum in verschiedenen Richtungen ausgewandert sind und daraus die heutigen 4 Zweige der tschadischen Sprachen entstanden seien.

> Upon reaching Lake Chad, they then apparently dispersed east, west and south, to account for the branches of Chadic today.... The expansion of West Chadic was probably some 3000 years ago, but certainly later than Benue-Congo. (Blench 2010)

Dieses Szenario bei Blench (2010) beruht auf der schlichten Annahme, dass die 4 Zweige tatsächlich echte sprachgenealogische Untereinheiten bilden; dagegen hatte schon Wolff (2004) daran Zweifel angemeldet und ein erheblich komplexeres Szenario entworfen, in dem unterschiedliche innertschadische Migrationen, ausgelöst durch ökologischen Druck, und in der Folge innertschadischer Kontakte (areale Interferenzen und Konvergenzen) eine erhebliche Rolle für die Erklärung der heutigen Verhältnisse spielen.

> It is assumed that, before drastic ecological changes occurred and long before speakers of Saharan languages (particularly Kanuri-Kanembu) began their south- and westward migration, the northern shores of Lake Chad were inhabited by speakers of Chadic languages – much as its southern and eastern shores were until quite recently (given the much larger surface of the Lake in past centuries and millenia). It is further assumed that these Chadic speakers shared in a P[roto-]C[hadic] dialect sub-continuum, which we could aptly call "North Chadic"… Also, a "South Chadic" dialect sub-continuum existed embracing the Lake at its southern shores.
>
> With extreme desertification affecting their original habitat and with the closing in of Saharan language speakers, "North Chadic" speakers were forced to migrate: Their only way was to move southward around the Lake – either along the eastern or the western shores! And if there was not enough space for all of them, some would have been forced away from the vicinity of the Lake altogether – either westward or eastward, following the river beds of Komadugu Yobe to the west, and the Bar el-Ghazal to the east. With some more ecological force pushing them further south, we should not be surprised then to find offsprings of the "North Chadic" populations and their languages more than a thousand kilometers apart today, i.e. near the Central Nigerian Plateau in the west, and the Wadai mountains of Central Chad in the east. (Wolff 2004: 140f.)

Manche Erklärungsmodelle von Historikern, wie bei Johnston (1967), vermuten hingegen bei den Hausa eine berberische Abstammung. Nach ihm hat zunächst die Ankunft der Araber im 7. Jahrhundert eine Berbermigration nach Süden ausgelöst. Diese hätten sich unterwegs mit lokalen Bevölkerungen vermischt, und aus dieser Vermischung sei das Hausa entstanden. Abdullahi Smith (1970) dagegen sieht keine Berberabstammung, aber dennoch eine Migration der Hausa aus dem Norden, aus dem Air-Gebirge im heutigen Niger nach Süden, durchaus im Zusammenhang mit der Austrocknung der Sahara, aber wohl auch mit einer Berbermigration vor etwa 2000 Jahren. Hier wirkt offenbar noch die alte „Hamitentheorie" nach. Einige mündliche Überlieferungen allerdings stützen diese Hypothese wie im Ader (Djibo Hamani 1993) aber auch im Gobir, was jedoch auf deutlich jüngere Migrationen zurückgehen dürfte. Das wahrscheinlichste Erklärungsmodell ist das von Sutton (1979), der für die Vorläufer des Hausa eine progressive Ost-West Migration vom Tschadseeraum vermutet, um neue Ackerflächen zu erobern. Sutton stützt sich auf archäologische Funde (z.B. Hirseanbau, Sorghum und kleine Viehhaltung) und sucht zugleich die Übereinstimmung mit den linguistischen Modellen. Allerdings treten Probleme für sein Erklärungsmodell bei der dialektalen Distribution des Hausa auf, die im Osten viel homogener und im Westen heterogener ist. Nach linguistischen Erkenntnissen deutet dies auf eine Migration in der Gegenrichtung hin: Wo das Hausa heterogen ist, im Westen, würde man eine ältere Ansiedlung vermuten als dort, wo die Sprache homogener ist, also im Osten. Sutton (2010) sieht in einem rezenteren Artikel eine zweite Migration vor, die sein Erklärungsmodell mit dem linguistischen Modell übereinstimmen lassen könnten. Die erste Migration war wohl vom Tschadseeraum Richtung Westen gewesen, die ein Kontinuum von tschadischen Sprachen entlang dieser Route bildete. Dabei dürften die sprachlichen Vorläufer des Hausa das Gebiet nördlich des Gongola Flusses und östlich des Zentralnigerianischen Plateaus erreicht haben, wo heute noch die engsten sprachlichen Verwandten des Hausa zu finden sind (nämlich die sog. westtschadischen Sprachen der Angas-, Ron- und Bole-Gruppen). Aus diesem Gebiet dürfte sich das Hausa dann zunächst nordwestlich in sein späteres Stammland um die sog. Hausa-Stadtstaaten ausgebreitet haben. Diese alte Migration wurde dann überlagert von einer viel späteren erneuten großräumigen Migration, diesmal von Westen nach Osten und begleitet durch das Phänomen der Hausaisierung und der Glottophagie, wodurch einige Sprachen und Kulturen in der Region des sog. *Nigerian Middle Belt* zugunsten des Hausa verschwunden bzw. im Hausa aufgegangen seien. Sutton glaubt, dass Spuren dieser Sprachen noch zu finden wären. Sicher ist, dass das Phänomen der fortgesetzten Hausaisierung bis in unsere Tage viele kleinere Sprachen in der Region verschwinden lässt, das Hausa also, wie viele andere große afrikanische Verkehrssprachen auch, als „Sprachfresser" oder *killer language* auftritt, wie Sprachaktivisten diesen Prozess bezeichnen würden.

Die Ausdehnung des Hausa-Sprachgebietes

Die frühen Faktoren der Ausbreitung

Nach Adamu (1978) war die Region südlich des angestammten Hausa-Landes bis hin zum Zusammenfluss von Niger und Benue in Nigeria, bekannt unter der Bezeichnung *Nigerian Middle Belt*, das natürliche Ausbreitungsgebiet des Hausa in jüngerer Zeit. Die ersten Ausdehnungen des Hausa-Sprachgebietes geschahen aus klimatischen, machtpolitischen und ökonomischen Gründen: Nach Norden ließen die Ausdehnung der Sahara und die stetige Berber-Migration wenig Ausbreitungsmöglichkeit, im Osten war das mächtige Kanem-Bornu-Reich immer wieder einmal eine Bedrohung für die kleineren und politisch nicht vereinigten Hausa-Staaten. Im Westen saßen die Songhai, die gar im 15. Jahrhundert das Hausa-Land erobert hatten. Die erste natürliche Ausdehnung des Hausa war Richtung Süden in das Bauchi-Land, Heimat von Hunderten zahlenmäßig kleineren Völkern, deren Sprachen sowohl der tschadischen als auch der Benue-Kongo genannten Sprachfamilie angehörten. Nach Adamu (1978) gab es mehrere militärische Kampagnen, ausgehend von den einzelnen Hausa-Staaten, um die Region zu unterwerfen. Z.B. hat der König von Katsina, Korau, im 13. Jahrhundert Kampagnen gegen Kwarrarafa, Kuyambana und Kotonkoro geführt; der König Kanajeji von Kano im 14. Jahrhundert gegen Ningi und Kwarrarafa; im 15. Jahrhundert wütete der Sklavenjäger Burja von Kano aus im gesamten Bauchi-Land. Im 16. Jahrhundert wurde Yawuri von Zamfara erobert, und der Kanta von Kebbi überfiel Nupe; Zaria unter Königin Amina eroberte beinahe das gesamte Hausa-Land und das Bauchi-Land, im 18. Jahrhundert ging die Eroberung von Gwari, Karishen, Kumbashi, Bena usw. von Katsina aus.

Meistens folgte diesen Kampagnen die Migration von Hausa-sprechender Bevölkerung auf der Suche nach neuem Ackerland. Es entstanden Handelsbeziehungen zum Heimatland sowie die ersten Hausa-Siedlungen und Handelsstützpunkte unter dem Namen Hausa-*Zango*. Im 19. Jahrhundert, unter dem Sokoto-Kalifat, wurden diese Hausa-Niederlassungen zu Emiraten aufgewertet, wie z.B. Bauchi, Keffi, Lafia und Nassarawa.

Der Fernhandel und der Faktor Islam

Ein weiterer Faktor, der zur Ausdehnung des Hausa-Sprachgebietes beigetragen hat, ist der Fernhandel. Nach Adamu (1978) übernahmen die Hausa bereits im 15. Jahrhundert Handelsrouten von den Mande-Kaufleuten, eröffneten selbst neue Handelswege und erreichten das heutige Ghana. Der Fernhandel entwickelte sich rasch und die Hausa-Kaufleute nahmen auf ihren Handelsreisen islamische Gelehrte (*malamai*) mit und bauten im Rahmen von *yawon almajiranci* („Missionierungsreise") Moscheen und Koranschulen. Sie veranlassten lokale Herrscher und ganze Völker, wie in Nord-Ghana, zum Islam zu konvertierten und nahmen selbst als Berater in den Königshäusern Einfluss. Es bildeten sich multiethnische Stadtteile und Siedlungen, die ebenfalls *Zango* genannt wurden. Schmidt (2002: 83-84) sagt in einer Studie zu heutigen urbanen Zentren in Ghana dazu:

> Das identitätsstiftende Moment im Zongo stellt die Zugehörigkeit zum Islam, das Hausa als Lingua Franca und die Affinität zur Hausa-Kultur dar. Der Islam ist der wichtigste Faktor soziokultureller Integration im Zongo. Er überwindet nicht nur ethnische Differenz, sondern betont auch die universale Lehre der Bruderschaft und das Dogma der Einheit einer muslimischen Community (Umma). Interethnische Eheschließungen zwischen Muslimen werden durch diese Auffassung legitimiert. Aus dem Qur'an und den Hadithen lassen sich für Menschen unterschiedlicher kultureller Herkunft Alltagsregeln des Zusammenlebens ableiten (vgl. al-Buhari 1991).

Das aus dem Islam und der Hausa-Kultur abgeleitete Wertesystem ... stellt den ethischen Rahmen des sozialen Zusammenlebens dar.

Hierzu passt die tolerante Einstellung, das jeder als „Hausa" bezeichnet und akzeptiert werden kann, die die Hausa-Sprache spricht; man muss nicht als Hausa geboren sein, um als solcher gelten zu können.

Das Sokoto-Kalifat

Ein weiterer Faktor zur Entwicklung des Hausa als *lingua franca* („Verkehrssprache") war die Gründung des Sokoto-Kalifates im 19. Jahrhundert. Innerhalb weniger Jahre vereinigte Uthman Dan Fodiyo, ein Ful-Gelehrter, das gesamte Hausa-Land. Darüber hinaus wurden neue Gebiete erobert und dem Kalifat eingegliedert. Obwohl die herrschende Oberschicht im Kalifat Fulɓe waren, setzte sich das Hausa als erste Reichssprache neben Fulfulde und Arabisch durch.[38] In der Kalifatszeit ergaben sich viele neue Perspektiven für Soldaten, Händler, Wanderprediger, Handwerker oder Migranten auf der Suche nach neuem Land. Es war eine Blütezeit für Fernhändler (*fatake*), die auf sicheren Handelswegen von der westafrikanischen Küste über das Hausa-Land und die Wüstenstadt Agades Handel bis hinauf nach Nord-Afrika trieben. Das Hausa wurde in den entstehenden Handelsnetzen zur Handelssprache schlechthin. Die Präsenz der Hausa-Kaufleute und –gemeinden im 19. Jahrhundert und bis zum Beginn des 20. Jahrhunderts in nordafrikanischen Städten wie Tripolis, Tunis und Kairo sind in mehreren Berichten, wie z.B. denen von Heinrich Barth, belegt.

---

38 Die Ful~Fulɓe~Fulani sind zum großen Teil ein nomadisches Volk, das über lange Zeiträume von Westen in das Hausa-Land eingesickert war. Sie sprechen eine andere Sprache, das Fulfulde, die nicht mit dem Hausa verwandt ist, sondern mit Sprachen im heutigen Senegal, wie Wolof und Serer. Als sog. „Stadt-Fulɓe" ließen sie sich assimilieren und hausaisieren. Die in englischen Quellen meist als Fulani bezeichneten Menschen sind in deutschsprachigen Quellen auch unter Namen wie Ful, Fula und Fulɓe bekannt, ihre Sprache ist das Pulaar bzw. Fulfulde; im französischen Sprachgebrauch kennt man sie als Peul(h). Die unterschiedlichen Bezeichnungen gehen auf Charakteristika der Eigenbezeichnung in der Sprache selbst zurück: im Fulfulde selbst lautet die Singularbezeichnung für ein Mitglied dieser Gruppe pullo (frz. „Peulh"), die Pluralbezeichnung ist fulɓe. Die gemeinsame Wurzel ist *ful-/*pul-, daher auch die im Deutschen übliche Bezeichnung „Ful". Von dieser Wurzel leitet sich auch die Hausabezeichnung fulani~filani ab, die wiederum im Englischen als „Fulani" auftaucht. Auch die Bezeichnung pulaar~pular für weiter im Westen gesprochene Varietäten der Sprache gehört hierher und ist von dieser Wurzel abgeleitet.

Die Kolonialzeit

Als Frederick Lugard, der erste britische Gouverneur von Nordnigeria, die Kontrolle der *Royal Niger Company*, die die Kolonie Nigeria verwalten sollte, am 1. Januar 1900 übernahm, verstanden nur wenige seiner afrikanischen Soldaten Englisch, die anderen Bewohner des Landes schon gar nicht. Er entdeckte aber, dass das Hausa allgemein geläufig war und über weite Gebiete als *lingua franca* verwendet wurde. Für die Kolonialarmee, die *West African Frontier Force*, wurde das Hausa die allgemeine Sprache des Militärs und der Verwaltung, und selbst die britischen Offiziere mussten Hausa lernen. Somit trug die Armee entscheidend zur weiteren Ausbreitung und Stärkung des Hausa in der Funktion des bevorzugten interethnischen Kommunikationsmittels bei, was zu einem quasi offiziellen Status in dieser Zeit führte. Die Kolonialverwaltung setzte das Hausa als *lingua franca* auch in anderen Gebieten Nordnigerias ein, wie in Bornu, Adamawa und im Tiv-Land, wo es bisher nicht so häufig verwendet worden war (Philips 2004: 74).

Lugard forcierte zugleich die Romanisierung, d.h. die Verwendung lateinischer Schriftzeichen, für das Hausa, das bis dahin in arabischer Schrift geschrieben worden war. Am 29. Oktober 1902 erklärte die Regierung von Nordnigeria, dass nur romanisiertes Hausa für administrative Korrespondenz mit den Einheimischen und den nachgeordneten Behörden der native authorities zu verwenden sei, nicht mehr Arabisch oder in arabischer Schrift geschriebenes Hausa. Seit 1911 existiert die heute noch gültige Standardorthographie des Hausa in lateinischer Schrift, das sog. boko (im Gegensatz zur ajami genannten Schreibung mit arabischen Zeichen). It's the languages, stupid! rankt sich um 12 jeweils zu dritt gebündelte provozierende Thesen und versteht sich als ein Weckruf an Politik und Afrikaforschung, sich endlich sachgerecht mit der „Sprachenfrage" in Afrika als einem wichtigen, wenn auch nicht allein entscheidenden Parameter für nachhaltige Entwicklung in Afrika auseinander zu setzen – gemäß dem international bereits weithin akzeptierten Motto: Sprache ist nicht alles, aber ohne Sprache ist alles nichts!

Das Hausa heute

Sprecherzahl

Die historische Entwicklung des Hausa zu einer der bedeutendsten Verkehrssprachen in Afrika haben wir skizziert. Aber es ist schwierig, eine robuste Schätzung der Sprecherzahl anzugeben. Zwischen der schon fast 20 Jahre alte Angabe von Wolff (1993) von 50 Millionen kombinierten Muttersprachlern und

Zweitsprechern und der Einschätzung von 80 bis 100 Millionen (2007) des französischen internationalen Radios (RFI) könnte eine gemittelte Sprecherzahl um die 70 Millionen liegen.[39] Sicher ist, dass ein Drittel bis gut 40% der 160 Millionen Nigerianer die Sprache als erste oder zweite Sprache verwenden. Im Niger wird das Hausa von 52-54 % der 16 Millionen Nigerer als Muttersprache und, kombiniert mit der Zweitsprachenkompetenz, von bis zu 80% der gesamten Bevölkerung gesprochen. Trotzdem hat das Hausa in beiden Ländern keinen Status als „offizielle" Sprache. In vielen weiteren afrikanischen Ländern übernimmt das Hausa mehr oder minder die Funktion der Verkehrssprache. In Nordghana und Nord-Togo, und vor allem in urbanen Zentren wie Kumasi, aber auch Accra oder Lomé, dort insbesondere in den Zongo-Stadtteilen, wird Hausa als Hauptverkehrssprache verwendet. Weitere große Sprechergemeinschaften findet man im Südosten Burkina-Fasos, in Côte d'Ivoire, Tschad, Kamerun und Sudan. Das Hausa ist auch im Kongo-Becken vertreten und wurde als eine der nationalen Sprachen in Gabun anerkannt. Aktive Hausa-Diaspora wird auch aus Eritrea, Äthiopien, der Zentralafrikanischen Republik und aus den arabischen Ländern gemeldet, insbesondere Saudi-Arabien, Ägypten, Kuwait und Syrien.

Hausa in den Medien

Neben den nationalen Sendern im Hausa-Sprachgebiet senden zahlreiche internationale Radiostationen ihre Programme auch auf Hausa. Sie haben eigene Internetauftritte und die täglichen internationalen Nachrichten sind hier auch in der Hausa-Sprache verfügbar. Es gibt Hausa-Programme der BBC aus Großbritannien, von Radio Peking aus China, die Deutsche Welle sendet aus Deutschland, *Voice of America* aus den USA, dazu das iranische Radio IRIB, RFI aus Frankreich, Radio Kairo aus Ägypten usw.

Hausa Sprachkurse an den Universitäten in aller Welt

Der Hausa-Sprachunterricht an den Universitäten der Welt hat sich relativ früh entwickelt. Schon um 1900 wird Hausa an mindestens zwei Universitäten (Berlin und Leipzig) und bald darauf auch in Hamburg unterrichtet. Heute bieten 4 weitere Universitäten in Deutschland an Afrikanistik-Instituten regelmäßig oder gelegentlich Hausa-Sprachunterricht an: Universität zu Köln, Universität Frankfurt a.M., Universität Bayreuth und die Universität Mainz. Außerhalb Deutschlands wird Hausa in Wien, Warschau, Moskau und Sankt-Petersburg gelehrt,

---

39 Das französische internationale Radio (RFI), das bislang vorzugsweise auf das Französische gesetzt hatte, begann 2007 seine Programme auch auf Hausa als der ersten afrikanischen Sprache überhaupt auszustrahlen.

ebenso wie an Universitäten in Frankreich, Großbritannien und Italien, sowie in den USA. In Asien finden sich Institute mit Hausa-Sprachunterricht in China, Südkorea und Japan.

Es ist also keine Übertreibung, vom Hausa als einer afrikanischen Sprache mit Weltgeltung zu sprechen, eine Charakterisierung, die das Hausa aus guten und ähnlichen Gründen mit dem Kiswahili teilt.

Strukturelle Merkmale des Hausa

In diesem Abschnitt wollen wir einige charakteristische Merkmale der Lautstruktur und der Grammatik des Hausa vorstellen, insbesondere solche, in denen sich das Hausa vom Deutschen (und damit zumeist auch von anderen europäischen Sprachen) unterscheidet.

Das Lautsystem des Hausa

Das Lautsystem des Hausa verfügt über mehr Laute, als die lateinische Schrift anbietet. Die Verschriftlichung des Hausa schon in arabischer Schrift vor der Kolonialzeit war für die islamischen Gelehrten, die Arabisch lasen und schrieben, eine Herausforderung. Wie werden bestimmte Laute mit den komplexen Artikulationsarten und Artikulationsstellen notiert? Sollen Vokallänge und Tonhöhe, die im Hausa eine distinktive, also wortunterscheidende, Funktion haben, gekennzeichnet werden oder nicht? Die arabische sowie später die lateinische Schrift mussten angepasst werden, um das volle Lautinventar des Hausa und seine Besonderheiten darzustellen.

Das Phänomen der Glottalisierung[40]

Einige Sprachlaute des Hausa kommen in zwei oder mehr Realisierungen vor, man könnte also vereinfachend sagen, im Hausa gäbe es, im Gegensatz zum Deutschen, verschiedene Weisen, Konsonanten wie **b**, **d**, **k**, usw. auszusprechen, wo das Deutsche nur jeweils eine hat. Die allgemein gültigen Konventionen der artikulatorischen Phonetik und Phonologie beschreiben einen Sprachlaut nach seiner *Artikulationsstelle* im Stimmapparat und nach seiner *Artikulationsart*. Der Laut **b** z.B. entsteht durch die Bildung eines Verschlusses (Artikulationsart) an den Lippen (Artikulationsstelle), während der sog. egressive Luftstrom aus der Lunge über den Mundraum nach außen fließt. Mehrere Nebeneffekte können dabei auftreten, die diese Realisierung beeinflussen können, die je nach Sprache

---

40   Für die genauere Beschreibung dieser Phänomene sind einschlägige Bücher über Phonetik zu konsultieren wie z.B. Ladefoged & Maddieson (1996).

bedeutungsunterscheidend sein können oder nicht. Die Glottalisierung im Hausa ist so ein Effekt, der in der Bildung eines zusätzlichen Verschlusses an der sog. Glottis („Stimmritze" zwischen den Stimmbändern) besteht. So entsteht eine Reihe von Konsonanten im Hausa, die man „Kehlverschlusslaute" oder „glottalisierte Konsonanten" nennt, die ebenfalls bedeutungsunterscheidend sind. Sie werden in der Orthographie durch ein „Häkchen" oder eine Digraphe (eine Kombination aus zwei Schriftzeichen für einen einzigen Laut, wie im Deutschen „ch" für den *ach*- bzw. *ich*-Laut – im Gegensatz zur Monographe, der Kodierung eines Sprachlauts durch ein einziges Schriftzeichen) gekennzeichnet:

Tab. 1:   *Einfache Konsonanten und ihre glottalisierten Entsprechungen*

„Einfache" Konsonanten			„Glottalisierte" Entsprechungen		
b	baatàa	Linie	ɓ	ɓaatàa	zerstören
	kabàa	Palme		kaɓàa	zusammenstoßen
k	kafàa	errichten	ƙ	ƙafàa	Fuß
	bàakii	Mund		bàaƙii	Gäste
d	daidai	richtig	ɗ	ɗaiɗai	einzeln, jeweils einer
	faadàa	Palast		faaɗàa	hineinfallen
s	sarkii	Emir	ts	tsarkii	Heiligkeit, Reinheit
	suusàa	kratzen		tsuutsàa	Wurm

Weitere ähnliche Effekte, die bei der Realisierung einiger Konsonanten auftreten, sind die Labiovelarisierung (z.B. **g > gw**) und die Palatalisierung (z.B. **g > gy**), die über die Dialektgrenzen hinweg bis zu 52 Konsonanten (Wolff 1993: 34) ermöglichen. Die Standardorthographie basiert auf dem Dialekt der Stadt Kano und weist 32 Konsonanten auf, von denen 21 in einfachen Buchstaben wiedergegeben werden, 11 als sog. Digraphen.

Tab. 2: Die einfachen Konsonanten (Monographe)[41]

Konsonant	orthographisch	phonologisch	Bedeutung
b	baba	bàabaa	Vater
ɓ	ɓata	ɓaatàa	zerstören
c	ci	ci	essen
d	daidai	daidai	richtig
ɗ	ɗaki	ɗaakìi	Raum
f	fada	faadàa	Palast (Emir)
g	gari	gàrii	Stadt
h	hanci	hancìi	Nase
j	ja	jaa	rot
k	kafa	kafàa	einrichten
ƙ	ƙafa	ƙafàa	Fuß
l	lambu	làmbuu	Gemüsegarten
m	mota	mootàa	Auto
n	nuna	nuunàa	zeigen
r,	rana	raanaa	Sonne
r̃[42]	raha	r̃ahàa	plaudern
s	sosai	sòosai	sehr
t	tafi	tàfi	gehen

41 Die Aussprache der Konsonanten richtet sich weitgehend nach den Konventionen, die für das Englische gelten. Entsprechend werden j, sh, s, z, w, y wie im Englischen ausgesprochen (und keinesfalls wie im Deutschen, also wie in *Joe, shoe, seal, zeal, water, yes*). Das Schriftzeichen c steht für Englisches ch (wie in *church*). Wir nutzen die folgende Tabelle zugleich, um einmal den Unterschied zwischen „orthographischer" und „phonologischer" Repräsentation zu illustrieren: In der Orthographie entfällt die Doppelschreibung von Vokalen als Markierung von Vokallänge ebenso wie die Markierung der Silbentöne durch Diakritika und die Unterscheidung der beiden R-Laute, wie sie in der phonologischen Transkription angegeben sind.

42 Das Hausa unterscheidet phonetisch und phonologisch zwei R-Laute, die jedoch in der Standardorthographie nicht unterschieden werden. Artikulatorisch handelt es sich um den folgenden Unterschied: r ist ein retroflexes, einmal geschlagenes R („flap"), r̃ ist ein gerolltes R („tap").

w	wayo	wàayoo	Klugheit
y	yaro	yaaròo	Junge
z	zauna	zaunàa	hinsetzen
ʔ[43]	aiki	'aikìi	Arbeit
	sa'a	saa'àa	Glück

Unter den Digraphen bilden die mit **w** als „labialisiert" und mit **y** als „palatalisiert" markierten Konsonanten leicht erkennbare Gruppen, neben dem „sch"-Laut **sh** und den glottalisierten Lauten **ts** und **'y**:

Tab. 3:   *Digraphe / doppelt artikulierte Konsonanten*

palatalisierte			labialisierte		
gy	**gyaaràa**	reparieren	**gw**	**gwajìi**	Test
ky	**kyâu**	Schönheit	**kw**	**kwâs**	Unterricht
ƙy	**ƙyaalèe**	ignorieren	**ƙw**	**ƙwàayaa**	Korn
fy	**fyaaɗàa**	peitschen			
sh	**shaa**	trinken			

glottalisierte

ts	**tsuutsàa**	Wurm
'y	**'yaa**	Tochter

Der Konsonant **p** existiert im Standard-Hausa nicht, orthographisch ist **p** in einigen ausländischen Eigennamen wie **Paris**, **Pakistan**, **Paparoma** „Papst" etc.

---

43   Bei der Repräsentation des harten Stimmeinsatzes als Konsonant (phonetisch ʔ, orthographisch als Apostroph ' repräsentiert) ist die orthographische Repräsentation inkonsequent: Er wird als solcher nur im Wortinlaut geschrieben, nicht jedoch am Wortanlaut, so dass der Eindruck entsteht, Hausawörter dürften mit einem Vokal beginnen. Dies ist nicht der Fall, denn jedem wortinitialen Vokal geht, aus lautsystematischen Gründen, stets ein harter Einsatz als Konsonant voraus, d.h. ausnahmslos alle Wörter im Hausa beginnen mit einem Konsonanten, auch wenn dieser mitunter nicht geschrieben wird. Dies gilt auch für das Beispiel 'aikìi sowie alle folgenden Beispiele für Hausawörter, die scheinbar mit einem Vokal beginnen.

erlaubt, **p** in Lehnwörtern wird aber bei der Integration in das Hausa Lautsystem automatisch zu **f**:[44]

Tab. 4:   *Konsonant *p > f*

faṛfàgandàa	< propaganda
fàṛfeesàa	< professor

Lange Konsonanten werden deutlich länger ausgesprochen als einfache Konsonanten und durch Doppelsetzung auch in der Orthographie markiert, dies gilt auch für den sog. „harten Stimmeinsatz", der im Hausa ein eigenständiger Konsonant ist und mit dem Zeichen ' (Apostroph) wiedergegeben wird. Die verdoppelten Digraphen (z.B. **shsh** oder **gygy**) werden stets als Trigraphen (**ssh** und **ggy**) geschrieben.

Tab. 5:   *Beispiele für lange Konsonanten (Geminaten)*

kullèe	zuschließen
àmmaa	aber
innàa	Tante
a''àunaa	mehrmals abwiegen
shâsshaawàa	Impfung
gyaggyàaraa	immer wieder reparieren

Die Vokallänge

Das Hausa verfügt über 5 Vokale, die jeweils kurz und lang auftreten können. Die Vokallänge hat eine distinktive, also wortunterscheidende, Funktion, wird allerdings in der Standardorthographie nicht gekennzeichnet. In den wissenschaftlichen Umschriften aber wird sie in unterschiedlicher Weise markiert. So kann z.B. ein langes **a**, ganz nach Vorliebe eines Autors, wie folgt wiedergegeben werden: **aa, a:,** oder **ā**. Alle drei Transkriptionskonventionen tauchen daher auch in Hausa-Lehrbüchern, Grammatiken und Wörterbüchern auf. Die international bevorzugte Transkription ist zweifellos die der Doppelsetzung des Vokalzeichens.

---

44   In einigen Hausadialekten kann allerdings das f wiederum wie p ausgesprochen werden, wird aber in der Standardorthographie dennoch stets als f geschrieben.

Orthogr.	kurz			lang		
gari	a	gàrii	Stadt	aa	gàarii	Mehl
jima	i	jimàa	verweilen	ii	jiimàa	gerben
duka	u	dukà	alles	uu	duukàa	Schlag
gobe	e	gòobe	morgen	ee		
leɓe					leeɓèe	Lippe
agogo,	o	àgoogo	Uhr	oo		
goro					gooròo	Kolanuss

Die Distribution der mittleren Vokalen (**e, ee** und **o, oo**) ist eingeschränkt, so dass keine minimal kontrastierenden Paare wie bei **a : aa, i : ii** und **u : uu** zu finden sind.

Das Hausa verfügt des Weiteren über zwei Diphthonge **ai** und **au**, die nach Wolff (1993: 45), ebenso wie die langen Vokale, als Folge von zwei kurzen Vokalen analysiert werden können. Einige Autoren, bevorzugt in der französischen Wissenschaftstradition, interpretieren die Diphthonge als Folgen von Vokal **a** + Approximant **y** bzw. **w**. Die Standardorthographie verwendet die Schreibung als Diphthong.

orthographisch	phonologisch		Bedeutung
aiki	ai~ay	'aikìi~'aykìi	Arbeit
zauna	au~aw	zaunàa~ zawnàa	hinsetzen

Das Tonsystem

Wolff (1993: 55) fasst zur Tonalität des Hausa zusammen:

> Das Hausa ist eine sog. Tonsprache, d.h. dass die Töne ebenso wichtig sind wie die Konsonanten und Vokale. Die Struktur des Hausa ohne Berücksichtigung der Tonalität beschreiben zu wollen wäre genauso sinnvoll wie der Versuch, die deutsche Sprache ohne Berücksichtigung der Vokale zu beschreiben.

Dennoch, die Standardorthographie markiert die Töne nicht, und Hausa-Leser sind trotzdem in der Lage, ohne Markierung von Ton und Vokallänge ein Wort im Text richtig zu erkennen und auszusprechen; sie erschließen die korrekte Form durch den inhaltlichen und/oder syntaktischen Kontext - ähnlich wie im Arabischen, wo in der Regel Vokale nicht geschrieben werden und Arabisch-Sprecher dennoch mühelos die Wörter erkennen und richtig aussprechen.

Traditionell werden auf jeder Silbe drei mögliche „Töne" bzw. Tonfolgen unterschieden, die lexikalisch und grammatisch bedeutungsunterscheidend sein können: der Hochton, der in der wissenschaftlichen Umschrift in der Regel nicht markiert wird (ggf. aber durch einen *accent aigu* markiert werden kann, also **a/aa** oder **á/áa**); der Tiefton, der durch einen *accent grave* (**à/àa**) gekennzeichnet wird, und der sog. fallende Ton, der durch einen *accent circumflex* (**â/âa**; gelegentlich auch: **áà**) markiert ist und als Folge von einem Hoch- und einem Tiefton auf derselben Silbe analysiert wird. Demnach manifestieren sich in den drei hörbaren Tönen bzw. Tonverläufen nur zwei distinktive „Toneme": Hochton (H) und Tiefton (T), die wortunterscheidende Funktion haben.

Tab. 8:   *Lexikalisch kontrastive Töne bzw. Tonmelodien*

H (H)	**kai**	du
	suu	sie (pl)
	kuukaa	Weinen
T (T)	**dàa**	wenn
	yàayàa	wie?
H T	**kâi**	Kopf
	sûu	Fischfang
	dâa	früher
	kuukàa	Affenbrotbaum
T H	**yàayaa**	älterer Bruder

Die beiden Wörter **kai** „du" und **kâi** „Kopf" z.B. werden in der Standardorthographie gleich geschrieben: **kai**. Im Satz werden sie durch ihre Stellung im Satz unterschieden oder danach, ob sie beispielweise ein Possessivpronomen annehmen können (z.B. „mein Kopf").

Verschiedene ansonsten lautidentische Tempus-, Aspekt- und Modusformen können allein durch einen Tonunterschied markiert sein. Hier sprechen wir von grammatischen Tönen, die in der Standardorthographie ebenfalls nicht geschrieben werden. Der Hausa-Leser aber erkennt immer im Kontext, ob die Handlung etwa in der Vergangenheit oder in der Zukunft liegt oder eine Aufforderung ausdrückt.

	orthographisch: ta, sha, dafa, mata	Bedeutung
H (H)	taa shaa maataa	sie (3sf. Perfekt) trinken (Verb) Frauen (Plural)
H T	tâa shâa dafàa	sie (3sf. Futur II) Trinken (Nomen) Kochen (Verb)
T H	dàfaa! màataa	koche! (Imperativ) Ehefrau (Singular)

Die morphologische Struktur

Die Nominalmorphologie

Das Hausa ist eine Genussprache und unterscheidet zwischen Nomina maskulinen und femininen grammatischen Geschlechts. In diesem Merkmal ähneln viele afroasiatische (und damit auch tschadische) Sprachen den indoeuropäischen Sprachen, wie z.B. dem Deutschen. Die Erkennungsregel ist relativ einfach: Wörter, die auf **-aa** oder **-a** enden, werden meist als feminin klassifiziert, d.h. alle anderen Endungen werden meist als maskulin betrachtet (diese „Regel" gilt allerdings nicht für alle Fälle).

Tab. 10:   *Feminine Nomina, die auf –aa/-a enden*

ƙoofàa	Tür	**fitilàa**	Lampe
fartanyàa	Hacke	**àyàbà**	Banane

Allerdings sind ein paar Ausnahmen zu verzeichnen, wie ganz prominent die Bezeichnung für Frau **màcè**, die auf **–e** endet, einige Lehnwörter aus dem Englischen und Arabischen und ganz regulär Ländernamen, Tage, Städtenamen, Flussnamen und Kardinalzahlen unabhängig von ihren Endungen:

Tab. 11: Ausnahmen: Feminine Nomina, die nicht auf -a/-aa enden

màcè		Frau
tèeku		Meer, Ozean
kootù	< Engl. *court*	Gericht
gwamnatì	< Engl. *government*	Regierung
asìbitì	< Engl. *hospital*	Krankenhaus
Jaamùs	Ländernamen (< Engl. *Germans*)	Deutschland
Àlhàmîs	Tage (< Arabisch)	Donnerstag
Kanòo	Städte	Kano
Binuwài	Flüsse	Benue
biyu	Kardinalzahlen	zwei

An manchen Wörtern sind lexikalisierte Suffixe (**-iyaa** oder **-ìyaa** bzw. **-uwaa** oder **-ùwaa**) für feminine Nomina erkennbar:

Tab. 12:   Suffixe für Feminina

Suffix	maskulin	feminin	
-iyaa		**tsints-iyaa**	Besen
		dàar-iyaa	Lachen
		raar-iyaa	Sieb
-ìyaa	**Bàtuurèe**	**Bàtuur-ìyaa**	Europäer(in)
	Bàjaamushèe	**Bàjaamush-ìyaa**	Deutsche(r)

Als maskulin werden Nomina mit folgenden vokalischen oder konsonantischen Endungen (**-i; -ii; -ee, -e; -u, -uu; -m; -r** usw.) klassifiziert und konkordiert:

Tab. 13:   Maskuline Nomina

cikìi	Bauch
ƙauyèe	Dorf
àkwàatì	Kiste
àlloo	(Koran-)Tafel
bùhuu	Sack
mùtûm	Mensch, Person
teebùr	Tisch (< Engl. *table*)
kyandìr	Kerzen (< Engl. *candle*)

So wie bei den Feminina gibt es bei Maskulina Ausnahmen, d.h. Nomina, die auf -a oder -aa enden und trotzdem maskulin sind. Viele solcher Nomina haben allerdings sprachgeschichtlich einen pluralischen Ursprung:

Tab. 14:   *Ausnahmen: Maskuline Nomina auf -aa*

gidaa	Gehöft, Haus, Zuhause
yaatsàa	Finger
ruwaa	Wasser, Regen
naamàa	Fleisch
noomaa	Ackerbau

Die Pluralbildung der Nomina im Hausa ist eine recht komplizierte Angelegenheit. Zahlreiche morphologische Strategien werden bei der Pluralbildung verwendet: Suffigierung, Infigierung, teilweise oder vollständige Reduplikation des Wortstammes, Veränderungen im Vokalismus, Tonveränderung, oder Kombination von mehreren dieser Strategien gleichzeitig. Vielfach entstehen daher Mehrfach-Pluralbildungen; so weist Wolff (1993: 143) z.B. in Bargerys Wörterbuch auf über die Dialektgrenzen hinweg insgesamt 10 verschiedene Pluralformen für das Wort **kadàa** „Krokodil" hin, die sich nach Kombinationen von Endungen und Reduplikationsformen und Tonmelodien unterscheiden:

Tab. 15:   *Interdialektale Varianz bei Pluralbildungen (Wurzelelemente, auch reduplizierte, unterstrichen) für* **kadàa** *„Krokodil"*

Suffix	Suffigierung	+Gemination	+Reduplikation +Infigierung (-vv-, -n-)
-ai		kàdd-ai	
-ii			kad-oo-d-ii
-unàa		kadd-unàa	kad-aa-d-unàa, kada-n-d-unàa
-uwaa			kad-aa-d-uwàa
-(n)nii	kàdà-nnii, kàd-unnii		kadà-n-da-nii
-nnuu	kàdà-nnuu		

Die am häufigsten verwendete Strategie, und zugleich die für Lehnwörter, ist das folgende Bildungsmuster: Die Suffigierung: **-ooKii** mit Hochton („K" steht hier für den letzten Konsonanten des Wortes, der redupliziert wird). So wird vom Nomen **taagàa** „Fenster" die Wortbasis ***taag** (ohne Endung und Ton) isoliert. Der letzte Konsonant des Basis wird verdoppelt: ***taag-g;** zwischen den beiden Konsonanten wird ein **-oo-** hinzugefügt (Infigierung): ***taagoog** und schließlich ein **-ii** als Endung angefügt: **taagoogii** „Fenster (pl.)" Diese Pluralform hat dann durchgängig Hochton auf allen Silben, dies ist unabhängig davon, welche Tonfolge in der Singularform auftritt. Auf diese Weise wurden z.B. auch folgende Pluralformen gebildet:

Tab. 16: *Häufigste Pluralbildung auf -ooKii*

fuskàa	>	**fuskookii**	Gesicht
teebùr	>	**teburoorii**	Tisch
hanyàa	>	**hanyooyii**	Straße
ƙoofàa	>	**ƙoofoofii**	Tür

Charakteristisch für das Funktionieren der Wortbildung im Hausa ist die Ableitung von Nomina von Verbalbasen mittels Präfix **ma-**, einer spezifischen Endung, und spezifischer Tonmelodie. Mit dem **ma-**Präfix werden drei Arten von Nomina gebildet: das *nomen agentis*, das *nomen loci* und das *nomen instrumenti*. Betrachten wir zunächst das *nomen agentis*, das den oder die Ausführenden der Handlung des Verbs beschreibt. Hier wird z.B. der Verbalbasis ***ɗink-** des Verbs **ɗinkàa** „nähen, schneidern" das Präfix **ma-** hinzugefügt; die Basis bekommt einen Tiefton (T*) im Maskulin Singular und Plural und einen Hochton (H*) im Feminin Singular; die Endung ist jeweils **–ii** für Maskulin, **-aa** für Plural und das Suffix **–ìyaa** für Feminin.

Tab. 17: *Bildung des nomen agentis*

Verb	Bedeutung	m.sg. ma-T*-ii	f.sg. ma-H*-ìyaa	pl. ma-T*-aa
ɗinkàa	nähen	**maɗinkii**	**maɗinkìyaa**	**maɗinkaa**
		Schneider	Schneiderin	Schneider (pl)

Zur Bildung des *nomen loci*, das den Ort der Ausführung der Handlung des Verbs beschreibt, wird derselben Verbalbasis ***ɗink-** des Verbs **ɗinkàa** wiederum das Präfix **ma-** angefügt; Basis und Präfix bekommen einen Hochton, dazu tritt eine **-aa** Endung und das Nomen wird dabei feminin, der Plural wird durch eine Endung **–uu** oder **–ai** und eine Tonmelodie **T*H** gebildet, d.h. die letzte Silbe trägt einen Hochton, alle vorangehenden Silben haben einen Tiefton. Auf dieselbe Weise ist das Hausawort für „Schule" **makarantaa** (Ort des Lesens) vom Verb **karàntaa** „lesen" entstanden.

Tab. 18. Bildung des nomen loci

sg. (fem.)	pl.
ma-H*-aa	**ma-T*-ai (-uu)**
maɗinkaa	**màɗinkai**
Schneiderei	**Schneidereien**
makarantaa	**màkàràntuu**
Schule (Ort des Lesens/Studierens)	Schulen

Zur Bildung des *nomen instrumenti*, das Werkzeuge für die Ausführung der Handlung des Verbs beschreibt, wird z.B. der Verbalbasis ***buuɗ-** des Verbs **buuɗèe** „öffnen" das Präfix **ma-** angefügt; Präfix und Basis bekommen einen Hochton und eine **–ii** Endung, das Nomen wird dabei maskulin; der Plural wird durch eine **–ai** Endung und die Tonmelodie **T*H** gebildet.

Tab. 19. Bildung des nomen instrumenti

sg. (mask.)	pl.
ma-H*-ii	**ma-T*-ai**
mabuuɗii	**màbùuɗai**
(der) Schlüssel (= Instrument des Öffnens)	(die) Schlüssel

Es gibt viele weitere Nominalbildungen mit Suffixen wie beispielweise die Bildung von abstrakten Nomina mit dem Suffix **-cii** und dem Tonmuster **H*T**.

Tab. 20. Bildung abstrakter Nomina auf -cii

aadàlii	ehrlich	>	**aadalcìi**	Gerechtigkeit
bambam	unterschiedlich	>	**bambancìi**	Unterschied
shàiɗan	Satan	>	**shaiɗancìi**	Übeltäterei
jaahìlii	Analphabet	>	**jaahilcìi**	Analphabetismus

Das Suffix **–ancii** mit dem Tonmuster ***H** bildet Sprachennamen.

Tab. 21. Bildung von Sprachennamen

Jaamùs	Deutschland	>	**Jaamusancii**	Deutsch
Tuurai	Europa	>	**Tuuranci**	Englisch/Französisch
Fàransà	Frankreich	>	**Faransancii**	Französisch
Kanòo	Kano	>	**Kanancii**	Dialekt von Kano

Die Pronominalmorphologie[45]

Die Kategorie des Subjektpronomens wird im Hausa automatisch immer zu-gleich temporal, aspektuell oder modal markiert. Anders als im Deutschen, wo das Verb die Markierung z.B. des Tempus trägt und das Subjektpronomen un-verändert bleibt, vgl. *ich gehe*[Präsens], *ich ging*[Präteritum] etc., ist es im Hausa das Subjektpronomen, das die entsprechende Markierung trägt, während z.B. das Verb **tàfi** „fortgehen" in den folgenden Beispielen unverändert bleibt: **naa**[completive] **tàfi gidaa** „ich bin nach Hause gegangen", **nakàn**[habitual] **tàfi gidaa** „von Zeit zu Zeit pflegte/pflege ich nach Hause zu gehen" etc. So ergeben sich die meisten Pronominalreihen für den Subjektsausdruck aus der Verbindung mit einer bestimmten Zeit-, Aspekt- bzw. Modusform und könnten temporal wie folgt ins Deutsche übersetzt werden: *ich bzw. du in der Gegenwart, ich bzw. du in der Vergangenheit, ich bzw. du in der Zukunft*, etc. Neben nachweislich aus Personalpronomen plus Aspekt-/Tempus-/Modusmarkierung kombinierten sog. Aspektpronomina (*aspect pronouns*) verwendet das Hausa im sog. *Completive* Paradigma sprachgeschichtlich ursprünglich unabhängige Pronomina, die keine eigentliche Aspektmarkierung tragen und sich formal deutlich von den heute gebräuchlichen unabhängigen Personalpronomina unterscheiden, die in der fol-genden Tabelle ebenfalls angegeben werden und die nur in bestimmten Kontex-ten, wie zum Beispiel in sog. Kopulasätzen (siehe weiter unten), verwendet wer-den. Die Bildung des Futur I Paradigmas fällt insofern aus dem Rahmen, als hier die Tempus-Markierung vor dem Subjektpronomen auftritt; die sprachhistori-sche Erklärung dafür liegt darin, dass es sich bei der Markierung ***zaa-** um die Grammatikalisierung eines ursprünglichen Bewegungsverbs „gehen" handelt, an das das Subjektpronomen regelhaft, wenn auch untypisch, suffigiert wurde.

---

45 Neben den im Folgenden beschriebenen Subjektspronomina gibt es noch weitere Pro-nominalreihen wie Possessiva, Direkt- und Indirektobjektspronomina, Reflexiva usw., auf die hier aus Platzgründen nicht eingegangen wird.

(Damit ist die Futur I Bildung im Hausa dem *futur proche* des Französischen strukturell ähnlich: Hausa **zaka tafi** = Frz. *tu vas partir* „du wirst fortgehen".)

Tab. 22. Pronomina in Hausa[46]

Person	1	2	3
Sg. 1	nii	naa	'ǹ[47]
2m	kai	kaa	kà
2f	kee	kin	kì
3m	shii	yaa	yà
3f	'ita	taa	tà
Impers.	---	'an	'à
Pl. 1	muu	mun	mù
2	kuu	kun	kù
3	suu	sun	sù

Person	Markierte „Aspektpronomina"					
	4	5	6	7	8	9
Sg. 1	na-Ø[48]	'n-nàa[49]	na kèe	n-âa	na-kàn	zâ-n
2m	ka-Ø	ka-nàa	ka kèe	k-âa	ka-kàn	zaa-kà
2f	ki-kà	ki-nàa	ki kèe	ky-âa	ki-kàn	za-kì
3m	ya-Ø	ya-nàa	ya kèe	y-âa	ya-kàn	zâ-y[50]
3f	ta-Ø	ta-nàa	ta kèe	t-âa	ta-kàn	zaa-tà
Impers.	'a-kà	'a-nàa	'a kèe	'-âa	'a-kàn	zaa-'à
Pl. 1	mu-kà	mu-nàa	mu kèe	mw-âa	mu-kàn	zaa-mù
2	ku-kà	ku-nàa	ku kèe	kw-âa	ku-kàn	zaa-kù
3	su-kà	su-nàa	su kèe	sw-âa	su-kàn	zaa-sù

---

46 Die Terminologie für die einzelnen Zeit-, Aspekt- und Modusformen schwankt in der Fachliteratur beträchtlich; in diesem Kapitel verwenden wir die im akademischen Sprachunterricht geläufige Mischung aus deutschen und englischen Bezeichnungen.

47 Orthographisch: in.

48 In dem für das Standardhausa gültigen Paradigma entfällt in einigen Personen die Aspektmarkierung (-Ø), die in anderen Personen als –kà auftritt. In anderen Dialekten ist eine Markierung jedoch durchgängig vorhanden.

49 Orthographisch: ina.

50 Orthogrpahisch: zai.

Legende (und terminologische Variation):

1 heute gebräuchliche unabhängige Personalpronomina

2 ursprünglich unabhängige Personalpronomina, die heute das *Completive* (*Perfekt, Perfekt I, General Past, accompli I*) Paradigma bilden

3 das unmarkierte tieftonige Subjektpronomen, das heute im *Subjunktiv* (*Subjunktiv-Aorist, Jussiv, Optativ, Sekutiv, Subjunctive, aoriste*) Verwendung findet

4 *Relative Completive* (*Historicus, Relatives Perfekt, Perfekt II, Relative Past, accompli II*)

5 *Continuative* (*Progressiv, General Continuous, Continuous I, inaccompli I*)

6 *Relative Continuative* (*Relativer Progressiv, Relative Continuous, Continuous II, inaccompli II*)

7 *Futur II* (*Potentialis, Certativ, Indefinite Future, prédictif*)

8 *Habitualis* (*Habitual, Iterative-Tendential, intermissif*)

9 *Futur I* (*Futur, Intentionalis, ingressif*)

Als Genussprache unterscheidet das Hausa zwischen maskulin und feminin, bei den Pronomina schon in der zweiten Person. Im Plural wird kein Genus markiert und daher gibt es nur eine Form für die einzelnen Personen. Das Impersonal, vergleichbar mit „man" im Deutschen, kann nur in Subjektsfunktion verwendet werden. Abgesehen von den heutigen unabhängigen Personalpronomen sind alle 8 weiteren Pronominalreihen in Tabelle 22 temporal bzw. aspektuell bzw. modal markiert. Man erkennt in Tabelle 22 unschwer, dass die dort sog. „Aspektpronomina" in den Spalten 4 – 9 in zwei Teile zerlegbar sind. Z.B. für die 1. Person Sg. kann man ein Element *n (ggf. plus Vokal) isolieren, dem weitere Elemente hinzugefügt werden, um die einzelnen Zeit- bzw. Aspektformen auszudrücken; für die 2. Person maskulin ein **ka-** Element; für die 2. Person feminin ein **ki-** Element; für die 3. Person feminin ein **ta-** Element und für die 3. Person maskulin zumeist ein **ya-** Element (abweichend von **shii** beim unabhängigen Personalpronomen); für die Pluralformen sind dies **mu-, ku-, su-** für die 1. bzw. 2. und die 3. Person. Die ergänzenden Bildungselemente bei diesen „Aspektpronomina" drücken die Zeit- bzw. Aspektformen aus. In dieser Hinsicht etwas problematisch ist die Analyse des Subjunktivparadigmas in Spalte 3: Einige Autoren halten den charakteristischen Tiefton selbst für die Modusmarkierung, andere Autoren halten diese Reihe für temporal, aspektuell und modal gänzlich unmarkiert und die Tieftonigkeit für die vorhersagbare *default* Realisierung des Subjektpronomens, wenn keine segmentale Markierung folgt (man beachte, dass das

Pronomen automatisch hochtonig wird, wenn eine solche Markierung folgt: Spalten 4-9). Diese „Unmarkiertheit" würde zugleich erklären, warum dieses Paradigma sowohl indikativisch als auch subjunktivisch eingesetzt werden kann.

Der *Completive* ist ein Aspekt, der abgeschlossene Handlungen mit den jeweiligen Personen verknüpft und entspricht damit in Übersetzungen den Vergangenheitsformen des Deutschen. Im *Completive* wird eine ehemals unabhängige Reihe der Pronomina verwendet, eine eigentliche *Completive*-Markierung gibt es nicht. Der *Completive* hat eine sog. relative Form, die in bestimmten syntaktischen Kontexten wie bei Relativsatzbildung, Hervorhebungen, Fragesatzbildung oder fortlaufenden Erzählungen verwendet wird. Die Markierungen für *Relative Completive* sind, im Standardhausa, **-Ø** und **-kà**.

Der *Continuative* dagegen ist ein Aspekt für noch nicht abgeschlossene Handlungen und entspricht damit in Übersetzungen den Gegenwartsformen des Deutschen. Man kann als Markierung für *Continuative* das Morphem **-nàa** isolieren. Der *Continuative* hat auch eine sog. relative Form, die wiederum auch in Kontexten wie Relativsatzbildung, Hervorhebungen, Fragesatzbildung verwendet wird. Die Markierung für *Relative Continuative* ist **-kèe**.

Das Hausa verfügt weiter über zwei Formen für Handlungen, die noch nicht begonnen haben. Das Futur I, gebildet mit einem Morphem **zaa** (es leitet sich von einem Verb für „gehen" her)**,** wird mitunter als einziges echtes Tempus beschrieben, weil es einen klaren Zeitbezug signalisiert; hinzu tritt das Futur II, gebildet mit dem Morphem **-âa,** dass die Möglichkeit oder Wahrscheinlichkeit des Eintreten der Handlung aus Sicht der Sprecher ausdrückt.

Der Habitualis drückt Handlungen aus, die „von Zeit zu Zeit" oder gewohnheitsmäßig durchgeführt werden. Es wird mit dem Morphem **-kàn** markiert, ist aber nicht in allen Hausa-Dialekten vorhanden.

Der Subjunktiv wird zum einen als ein Modus der Aufforderung (Jussiv) und des Wünschens (Optativ) beschrieben und findet als solcher Verwendung z.B. als Ausdruck von abgemilderter Aufforderung oder Befehl. Er wird manchmal auch als Aorist bezeichnet, weil dasselbe Paradigma auch nichtmodale indikativische Verwendung findet, z.B. als Koordinierung für Handlungen im Futur oder nach bestimmten Konjunktionen wie *um zu, damit* usw. Mit dieser quasi Doppelfunktion des Subjunktiv-Aorist Paradigmas steht das Hausa unter den tschadischen Sprachen nicht allein da.

Die Verbalmorphologie

Das Hausa-Verbalsystem wird seit den Studien von Parsons (1960/61, 1962, 1971/72) im akademischen Sprachunterricht durch das sog. „*Grade* System" vermittelt. Das Modell wurde für den kolonialen Sprachunterricht in London entwickelt und hat sich pädagogisch bewährt; es dient allen Nachfolgestudien als Basis für weitere verbesserte Darstellungen des komplexen Hausa-Verbalsystems. Die sog. regelmäßigen Verben des Hausa werden heute in 8 (ursprünglich 7) formal unterscheidbare Verbklassen unter der englischen Bezeichnung *Grades* (deutsch: „Verbalstammklassen") eingeteilt. Die Hauptkriterien für diese Einteilung sind: a) **Endung** des Verbs (meist ein Endvokal unterschiedlicher Länge), und b) **Tonmuster**.

Demnach wird das Verb in drei Komponenten unterteilt: Die Verbal*basis*, die ja auch für die Bildung der abgeleiteten Nomina (siehe Nominalmorphologie) verwendet wird; die *Endung*; das *Tonmuster* (Tonmelodie).

Tab. 23:   *Die Struktur des Hausa-Verbs*

Verbal*form*	Verbal*basis*	+ *Endung*	+ *Tonmuster*	
kaamàa	< *kaam-	+ –aa	+ H*-T	fangen
dafàa	< *daf-	+ –aa	+ H*-T	kochen
sàyaa	< *say-	+ –aa	+ T*-H	kaufen

Je nach Kombination dieser Merkmale werden die Verben in die 8 morphologischen Klassen der *Grades* eingeteilt, die wiederum in zwei Gruppen zusammengefasst werden: Primäre und sekundäre *Grade* Formen. *Grade 0, Grade 1, Grade 2* und *Grade 3* werden als *primäre* oder *Basic Grades* bezeichnet, d.h. theoretisch sollte jedes einfache, d.h. nicht-abgeleitete Hausa-Verb in einem von ihnen zu finden sein, manchmal tritt es auch in zwei (gelegentlich auch in drei) davon auf.

Grade 4, Grade 5, Grade 6 und *Grade 7* werden als *sekundär* oder *erweitert* bezeichnet, da sie als Ableitungen der zugrunde liegenden Basis-Verben, die wir in den *Grades 0* bis *3* finden, angesehen werden. D.h., die Verben in den *Grade*-Formen 4 bis 7 sind Erweiterungen bzw. Ableitungen der Verben aus den *Grade*-Formen 0 bis 3; ihre Bedeutungsveränderungen gegenüber der Grundbedeutung in den *Grade*-Formen 0 bis 3 entsprechen etwa denen wie bei den deutschen Vorsilben: z.B. bringen > *hin*bringen, *her*bringen, *weg*bringen, *an*bringen, *um*bringen usw.

Unter den primären *Grade* Formen fällt *Grade 0* als neue Gruppe für die einsilbigen Verben auf (z.B. **yi** „machen" **ci** „essen", **soo** „*wollen*" usw.); dort finden sich aber auch die früher sogenannten „unregelmäßigen" zweisilbigen

Verben (wie z.B. **sanìi** „wissen", **barìi** „lassen", **kiraa** „rufen", **biyaa** „bezahlen" usw.), die keinen Platz im System der ursprünglichen 7 *Grades* gefunden hatten. Diese Verbalstammklasse ist relativ klein und enthält, je nach Definition, nur um die 20 Verben.

Grade 1 Verben dagegen haben durchgängige strukturelle Merkmale: a) Vokalendung **-aa** und b) Tonmuster **HT(H)**. Viele dieser Verben, wie z.B. **dafàa** „kochen" **gyaaràa** „reparieren", **kaamàa** „fangen", **karàntaa** „lesen" etc. sind transitiv, d.h. sie können Direktobjekte haben, manche sind intransitiv, d.h. sie können keine Direktobjekte annehmen, wie z.B. **koomàa** „zurückkehren", **zaunàa** „sich hinsetzen" usw.

Grade 2 Verben haben die durchgängigen strukturellen Merkmale a) Vokalendung **-aa** und b) Tonmuster **TH(T)**, also gleichsam das umgekehrte Muster verglichen mit *Grade 1*, und sie sind alle transitiv. Hierher gehören Verben wie z.B. **sàyaa** „kaufen", **sàaraa** „fällen", **jèefaa** „bewerfen" oder **tàmbayàa** „fragen".

Grade 3 Verben haben die durchgängigen strukturellen Merkmale a) Vokalendung **-a** (also ein kurzes **–a** im Gegensatz zu *Grade 2* mit langem **–aa**) und b) Tonmuster **TH(T)**, wie z.B. **fita** „hinausgehen", **shìga** „hineingehen", **nùuna** „reif werden", **màkarà** „sich verspäten". Alle *Grade 3* Verben sind intransitiv. Es gibt allerdings eine beträchtliche Anzahl von Verben, die diese definitorischen Merkmale nicht vollständig aufweisen und charakteristische Abweichungen zeigen, und die neuerdings dennoch dieser Klasse zugerechnet werden, wie z.B. **ɓuuya** „sich verstecken", **tsiira** "entkommen", **taashì** „aufstehen, fliegen", **faaɗì** „hinunterfallen", **mutù** „sterben", oder **haihù** „entbinden", und die daher als besondere Untergruppen von *Grade 3* klassifiziert werden. (Hier spiegelt sich das Bemühen, aus pädagogischen Gründen die Zahl der „unregelmäßigen" Verben so gering wie möglich zu halten.)

Unter den „sekundären" *Grades* finden wir zunächst *Grade 4*. Die entsprechende Ableitung wird manchmal „Totalitätserweiterung" genannt, weil eine der markanten Bedeutungsmodifikationen im weitesten Sinne „Totalität" und „Vollendung" der durch die Grundbedeutung des Verbs bezeichneten Handlung anzeigt. *Grade 4* Verben haben die strukturellen Merkmale a) Vokalendung **-ee** und b) Tonmuster **HT(H)**. *Grade 4* enthält sowohl transitive als auch intransitive Verben.

Tab. 24:   Grade 4

Simplex:	(gr3)	**tùuluu yaa cìka**	der Topf ist voll
Erweitert:	(gr4)	**tùuluu yaa cikèe**	der Topf ist ganz voll

Simplex:	(gr2)	**mèe ya sàyaa?**	was hat er gekauft?
Erweitert:	(gr4)	**yaa sayèe kàntîn**	er hat den Laden leergekauft

Grade 5 Verben wurden früher *kausative* Verben genannt, weil sie oft eine „Veranlassung zum Handeln" auszudrücken schienen. Tatsächlich ist aber die Bedeutungsmodifikation eher darin zu sehen, dass den Verben eine „weg"- Bewegung (z.B. vom Subjekt hin zum Objekt) zukommt. Somit ist die Bezeichnung "Efferential-Transitiv-Ableitung" bei Wolff (1993: 368) eine bessere Bezeichnung für diese Verbalstammklasse, deren Ableitungssemantik der Vorsilbe *ver-* im Deutschen vergleichbar ist. *Grade 5* Verben haben die strukturellen Merkmale a) Endung **-ar** (<*-as**) und b) Tonmuster **HH(H)**. Fast alle *Grade 5* Verben sind transitiv und können zur Transitivierung ursprünglich intransitiver Verben eingesetzt werden.

Tab. 25:   Grade 5

Simplex:	(gr2)	**yaa sàyi mootàa**	er kaufte ein Auto
Erweitert:	(gr5)	**yaa sayar dà mootàrsà**	er *ver*kaufte sein Auto

Grade 6 Verben können dagegen transitiv oder intransitiv sein, je nachdem, ob sie auf transitive oder intransitive Basen zurückzuführen sind. Die Bedeutung ist das Gegenteil von *Grade 5* und vermittelt, dass eine Handlung mit einer Bewegung zum Sprecher hin verbunden wird; daher auch die Bezeichnung "Ventiv-Ableitung" (Wolff 1993: 364). *Grade 6* Verben haben die strukturellen Merkmale a) Vokalendung **-oo** und b) Tonmuster **HH(H)**.

Tab. 26:   Grade 6

yaa sayoo tà à kàasuwaa

er hat sie auf dem Markt gekauft (*und hergebracht*)

yaa jeefoo minì fensìriinaa

er hat mir meinen Stift *her*geworfen

Grade 7 Verben vermitteln als Erweiterung der Grundbedeutung des Verbs die Idee der Subjektsbezogenheit und eines manchmal daraus resultierenden Zustandes, aber zugleich auch der "Vollständigkeit zum guten Ende" der Handlung. In der Regel handelt es sich um intransitive Ableitungen von transitiven Basen. *Grade 7* Verben haben die strukturellen Merkmale a) Vokalendung **-u** und b) Tonmuster ***T(H)**.

Tab. 27:   *Grade 7*

Simplex:	(gr2)	**yaa sàyi mootàa**	er kaufte ein Auto
Erweitert:	(gr7)	**mootàa taa sàyu**	das Auto wurde gut verkauft (ein gutes Geschäft)
Simplex:	(gr2)	**Mammàn yaa àuri Kànde**	Mamman hat Kande geheiratet
Erweitert:	(gr7)	**Kànde taa àuru**	Kande wurde gut verheiratet (sie hat eine gute Partie gemacht)

Die syntaktische Struktur

Das Hausa kennt zwei Arten von Sätzen: (a) sog. Nominalsätze, die kein verbales Prädikat enthalten und die ihr Prädikat mit unveränderlichen Partikeln, bestimmten Nomina oder nominalisierten Verbalformen bilden, und (b) sog. Verbalsätze, deren Pradikatsstrukturen im *Grade* System der Verbalmorphologie kodiert werden.

a. Nominalsätze

aa. Der Kopulasatz

Da das Hausa über kein Verb für „sein" verfügt, werden mit Hilfe der Kopula, **nee** für maskulin Singular und Plural und **cee** (< ***t-ee**) für feminin Singular, sogenannte Kopulasätze gebildet, die eine Übersetzung vergleichbar der Verwendung des Verbs für „sein" im Deutschen wiedergeben.

Audù maalàmii nèe   Audu ist (ein) Lehrer

ita Bàjaamushìyaa cèe   sie ist (eine) Deutsche

Formal trägt die Kopula einen sog. Polarton, d.h. den entgegengesetzten Ton zur vorangehenden Silbe, vgl.

wannàn teebùr nee   das ist ein Tisch

107

Kopulasätze haben eine eigene Negationsform (im Folgenden unterstrichen), die sich von der in den anderen Satztypen unterscheidet.

Audù <u>bàa</u> maalàmii <u>ba</u> nèe   Audu ist kein Lehrer

ab. Der Existential-Satz

Ähnlich wie die Kopulasätze werden sog. Existential-Sätze unter Verwendung einer Partikel **àkwai** „es gibt...“ gebildet. Sie verfügen ebenfalls über eine eigene Negationsform (**baabù**).

àkwai mootàa à gidan Audù   es gibt ein Auto im Haus von Audu

baabù mootàa à gidan Audù   es gibt kein Auto im Haus von Audu

ac. Der Präsentativ-Satz

Der Präsentativ-Satz wird mit Hilfe der Partikel **gàa** „hier/da ist...“ gebildet und wird deiktisch dazu verwendet, einen Gegenstand vorzustellen.

gàa mootàr Audù nân à gidansà	da ist das Auto von Audu in seinem Haus
gàa ta nân kusa dà bishiyàa	da ist sie neben dem Baum

ad. Sätze unter Verwendung des *Continuative*-Paradigmas

Mit den *Continuative* Pronominalreihen (siehe Tabelle 22) werden weitere Nominalsätze gebildet. Der **Lokativ-Satz** wird dadurch gebildet, dass dem *Continuative*-Pronomen eine lokative Angabe, sei es ein Nomen oder ein Adverb, folgt. Dadurch wird ausgedrückt, dass sich das Subjekt an dem angegebenen Ort befindet (lokatives „sein“):

Audù yanàa gidaa	Audu ist zu Hause
mutàanee sunàa cân	die Menschen sind dort

Das Hausa verfügt auch über kein Verb für „haben“. Mit dem *Continuative* wird entsprechend auch der **Haben-Satz** gebildet, indem zwischen dem Pronomen und dem Gegenstand, den man „hat“, die Präposition **dà** „mit“ eingesetzt wird.

Audù yanàa dà gidaa	Audu (er) hat ein Haus
inàa dà kèekee	ich habe ein Fahrrad

Erscheint ein eigenschaftsbeschreibendes Nomen in der Verbindung mit der Präposition **dà** „mit", erhält man eine attributive Übersetzung im Sinne eines Adjektivs im Deutschen.

Audù yanàa dà ƙarfii	Audu ist stark
	(wörtl. *Audu er hat/ist mit Stärke*)
Yaarinyàa tanàa dà kyâu	das Mädchen ist schön
	(wörtl. *Das Mädchen sie hat Schönheit)*

ƙarfii „Stärke" und **kyâu** „Schönheit" sind eigenschaftsbeschreibende Nomina, keine Adjektiva, wie sie die deutsche Grammatik kennt; der Präpositionalausdruck **dà ƙarfii** und **dà kyâu** entspricht dem Adjektiv „stark" und „schön" im Deutschen.

Die Verwendung des *Continuative* bedingt ganz allgemein eine Nominalsatzbildung, selbst das Verb muss in eine nominale Form (Verbalnomen genannt) versetzt werden, um mit dem *Continuative* verwendet werden zu können:

Audù yaa tàfi (*Completive:* Verb)

Audu ist (bereits) gegangen

Audù yanàa tàfiyàa (*Continuative:* Verbalnomen)

Audu geht gerade (umgangssprachlich: Audu ist gerade am Gehen)

Demzufolge können auch weitere Nomina oder Partizipien in Verbindung mit dem *Continuative* stehen, um Nominalsätze zu bilden, d.h. es ist kein eigentliches Vollverb als Prädikat nötig:

Audù yanàa aikìi	Audu arbeitet (wörtl. *Audu er ist am Arbeiten*)
Audù yanàa zàune	Audu sitzt
	(wörtl. *Audu er ist in sitzendem Zustand*)

aikìi „*Arbeit*" ist ein tätigkeitsbeschreibendes Nomen, **zàune** „sitzend" ist dagegen ein Partizip (oder „Zustandsnomen").

b. Verbalsätze

Der zweite Satztyp im Hausa ist der Verbalsatz, d.h. der Satz beinhaltet mindestens ein verbales Prädikat. (Einige Autoren zählen auch die Sätze unter Verwendung des *Continuative*-Paradigmas zu den Verbalsätzen, die wir im vorangehenden Abschnitt behandelt haben, weil es sich dabei, wenn auch in nominalisierter Form, um verbale Prädikate handelt. Dies ist eine Frage der Definition.) Bei den

Verbalsätzen müssen wir wiederum eine Teilung in zwei Untergruppen vornehmen: Die Imperativ-Sätze und die einfachen Verbalsätze.

ba. Imperativsätze

Der Imperativ, der im Hausa nur für den Singular gebildet werden kann (im Plural wird er durch das Subjunktiv-Paradigma ausgedrückt), unterscheidet sich von dem normalen einfachen Satz dadurch, dass das Verb kein Subjektpronomen verwendet. Der Imperativ wird durch ein (T*)H Tonmuster auf dem Verb gebildet. Die einsilbigen Verben erscheinen im Imperativ mit Hochton, die mehrsilbigen Verben haben einen Hochton auf der letzten Silbe, alle vorangehenden Silben haben einen Tiefton. Je nachdem, ob nach dem Verb Direktobjekte stehen, und je nach *Grade*, kann das Tonmuster verändert und mit zusätzlichen Tonregeln versehen werden.

Tab. 28:   *Imperativ (Domäne des Tonmusters ist unterstrichen)*

H: **zoo nân!**	Komm hierher!
TH: **tàfi gidaa!**	Geh nach Hause!
T*H: **tàmbàyèe shi!**	Frag ihn!

bb. Der einfache Satz

Der einfache Satz im Hausa hat die Grundstruktur SVO (Subjekt-Verb-Objekt) für die transitiven Verben. Das indirekte Objekt (IO), wenn vorhanden, steht zwischen dem Verb und dem direkten Objekt. Die anderen Komponenten des Satzes, wie Adverbien oder lokative Ergänzungen, folgen nach der Grundstruktur. Sie können jedoch zum Zweck der Hervorhebung vor die Grundstruktur gestellt werden. Man achte darauf, dass im Hausa dem nominalen Subjekt immer das entsprechende repetitive Subjektpronomen (RP) folgen muss, man sagt also „Audu er baut …" (statt, wie im Deutschen, einfach nur „Audu baut…").

Tab. 29:   *Einfache Satzstruktur*

S	RP	V	IO	O	Lokativ	
Audù	**yaa**	**tàfi**	---	---	**gidaa**	Audu ging nach Hause
Audù	**yaa**	**ginà**	---	**gidaa**	---	Audu baute ein Haus
Audù	**yaa**	**ginàa**	**wà uwarsà**	**gidaa**	---	Audu baute für seine Mutter ein Haus

Das repetitive Pronominalsubjekt (hier z.b. **yaa** *Completive*/3S maskulin) muss im Hausa auch deshalb stehen, weil es nur so möglich ist, die Zeit- bzw. Aspekt- oder Modusform auszudrücken (siehe Tabelle 22).

Die Form des Verbs kann bzw. muss sich im Satz verändern, je nachdem, was auf das Verb folgt. Nach dem gängigen Beschreibungsmodell (*Grade* System) werden sog. A-, B-, C- und D-Formen definiert, in denen sich die syntaktische Abhängigkeit des Verbs vom unmittelbaren Kontext spiegelt; dabei können im gegebenen Fall einige dieser kontextbedingten Formen lautidentisch sein:

(a) Das Verb ist in der sog. A-Form, wenn nach dem Verb kein Objekt steht, sondern allenfalls impliziert ist:

S-V: **Audù yaa ginàa** A-Form: **ginàa** Audu baute (etwas)

(b) Wenn nach dem Verb ein pronominales Direktobjekt steht, nimmt das Verb die sog. B-Form an:

S-V-O; **Audù yaa ginàa** B-Form: **ginàa** Audu baute
O=Pro **shi** es

(c) Wenn nach dem Verb ein nominales Direktobjekt steht, nimmt das Verb die sog. C-Form an:

S-V-O; **Audù yaa ginà** C-Form: **ginà** Audu baute ein
O=Nom **gidaa** Haus

(d) Wenn nach dem Verb ein indirektes Objekt steht, nimmt das Verb die sog. D-Form an:

S-V-IO- **Audù yaa ginàa matà** D-Form: Audu baute ihr
O **gidaa** **ginàa** ein Haus

In den obigen Beispielen erkennen wir, dass bei dem Verb **ginàa** (*Grade 1*) „bauen" die A-, B- und D-Form lautidentisch sind, nur die C-Form zeichnet sich durch einen kurzen Auslautvokal aus. Tatsächlich können aber die transitiven Verben bis zu 4 verschiedene Formen haben, die sich nach ihrer Endung und Tonmuster in Abhängigkeit von der Zuordnung zu einem *Grade* wie folgt in einer Tabelle darstellen lassen.

Tab. 30:   *Syntaktisch abhängige Formen innerhalb des Grade Systems*[51]

	A-Form	B-Form	C-Form	D-Form
Grade 0	-i H	-ii H	-i H	-ii H
	-aa/ -oo H	-aa/ -oo H	-aa/-oo H	-aa/ -oo H
Grade 1	-aa H-T-(H)	-aa H-T-(H)	-a H-T-(T)	-aa H-T-(H)
Grade 2	-aa T-H-(T)	-ee (T)-T-H	-i (T)-T-H	*
Grade 3	-a T-H-(T)	---	---	*
Grade 4	-ee H-T-(H)	-ee H-T-(H)	-e H-T-(T)	-ee H-T-(H)
Grade 5	-a+ H	-ař [dà] H	-ař [dà] H	-ař [dà] H
		-shee H		
Grade 6	-oo H	-oo H	-oo H	-oo H
Grade 7	-u T-H	---	---	*

Während die Veränderung der Verbformen in den meisten Grades (0, 1, 4, 5, 6) geringfügig durch Vokallänge geschieht, sind in Grade 2 auffällige Vokalveränderungen auch in der Qualität zu verzeichnen.

Tab. 31:   *Grade 2*

S-V	màatâr taa hàifaa	A-Form: hàifaa
	die Frau gebar	
S-V-O;	màatâr taa hàifee shì	B-Form: hàifee
O=Pro	die Frau gebar ihn	
S-V-O;	màatâr taa hàifi ɗaa	C-Form: hàifi
O=Nom	die Frau gebar einen Sohn	
S-V-IO-O	màatâr taa haifàa masà ɗaa	D-Form: haifàa
	die Frau gebar ihm einen Sohn	

Die stets intransitiven Verben in *Grade* 3 und 7 verfügen nicht über B- und C-Formen, weil sie keine Direktobjekte annehmen können.

---

51 Diese Tabelle ist von mir vereinfacht worden, die Originaldarstellung kann bei Newman (2000: 628) eingesehen werden. Die D-Formen in Grades 2, 3, 7 zeigen gewisse Komplexitäten, auf die hier aus Platzgründen nicht eingegangen wird.

bc. Der komplexe Satz

Zwei oder mehr Sätze können koordiniert als gleichgeordnete Sätze oder subordiniert in komplexen Sätze erscheinen. Die relativen Sätze z.B. werden im Hausa nach dem sog. kurzen Bildungsmuster mit den Elementen -`r dà; -`n dà; -`n dà oder nach dem langen Bildungsmuster mit den Relativpronomina wâddà; wândà; wadàndà, die jeweils genusmarkiert sind, gebildet.

gidâ<u>n dà</u> mukà ginàa yaa yi kyâu

Das Haus, <u>das</u> wir gebaut haben, ist schön

gidaa <u>wândà</u> mukà ginàa yaa yi kyâu

Das Haus, <u>welches</u> wir gebaut haben, ist schön

yaa àuri màatâ<u>r dà</u> ta haifàa masà ɗaa

Er hat die Frau, <u>die</u> ihm einen Sohn geboren hat, geheiratet

yaa àuri màataa <u>wâddà</u> dà ta haifàa masà ɗaa

Er hat die Frau, <u>welche</u> ihm einen Sohn geboren hat, geheiratet

Weitere komplexe Sätze werden mittels einzelner ebenfalls in sich komplexer Konjunktionen gebildet, die häufig selbst bereits Relativkonstruktionen sind, beispielsweise:

Temporalsätze:

lookàcîn dà oder **saa'an dà [sândà]**   als [Gleichzeitigkeit]

taa shigoo <u>lookàcîn dà</u> nakèe kàràatuu
  sie kam hinein als ich noch las

baayan / baayân (dà)   nachdem

zân duubà takàrdarkà <u>baayan</u> kaa gyaaràa ta

ich werde deinen Zettel korrigieren, nachdem du ihn überprüft hast

Hypothetische Sätze mit **(in) dàa...dàa...**   wenn... dann...:

<u>dàa</u> naa san kanàa zuwàa, <u>dàa</u> bà nâa fita ba.

wenn ich gewusst hätte, dass du kommst, wäre ich nicht rausgegangen.

Das Lexikon (Wortschatz)

Für das Hausa liegen auch auf lexikologischem Gebiet sehr gute Arbeiten vor. Schon in der Kolonialzeit wurde eines der bis dahin umfangreichsten Wörterbücher für eine afrikanische Sprache durch Reverend G. P. Bargery veröffentlicht (1934: *A Hausa- English Dictionary and English-Hausa Vocabulary*). Zahlreiche neuere Wörterbücher wurden in den 1990er Jahren publiziert, die dem modernen Hausa gewidmet sind, wie z.b. Ma Newman (1990: *An English-Hausa Dictionary*), Awde (1996: *Hausa-English Dictionary*), P. Newman (2007: *A Hausa-English Dictionary)*, oder einem speziellen Gebiet, wie dem Gebrauch in den Medien (McIntyre und Meyer-Bahlburg 1991: *Hausa in the Media)*. Wir haben allerdings (noch) kein aktuelleres Wörterbuch Deutsch-Hausa als das von Herms (1992: *Wörterbuch Hausa-Deutsch*). Moderne elektronische Wörterbücher sind auch *online* vorhanden: z.b. *Kofar Hausa* (Universität Wien: http://www.univie.ac.at/afrikanistik/oracle/KofarHausa2.html) in deutscher Sprache. In Japan hat Nakamura Hirokazu Sule von der *Faculty of Human Sciences* der Bunkyo University das alte Wörterbuch von Bargery unter http://maguzawa.dyndns.ws/ verfügbar gemacht.

Schluss

Es war die Absicht dieses Kapitels, aus den zahlreich vorliegenden Studien zu Sprache, Geschichte und Gesellschaft eine verständliche und zusammenfassend einführende Darstellung des Hausa zu liefern. Es ging um Einblicke in die Frühgeschichte dieser Sprache sowie ihre Entwicklung zur einer der wichtigsten Verkehrssprachen im heutigen Westafrika. Die knappe und selektive Einführung in die wesentlichen strukturellen Merkmale des Hausa stellt die wichtigsten Charakteristika dar, ohne jeden einzelnen Punkt ausführlich besprechen zu können. Der Leser sei auf die verfügbaren Referenzgrammatiken verwiesen. In einer so knappen Einführung kann nun einmal kein Anspruch auf Vollständigkeit erhoben werden. Sie kann und möge aber dazu dienen, das Interesse an dieser Sprache zu wecken.

Abkürzungen

*X	hypothetisches oder sprachgeschichtlich rekonstruiertes Element X
H*, T*	identische Tonfolge
Ø	Leerstelle
1/2/3	Person (Pronomina)
Compl.	*Completive* (Aspekt)

Cont.	*Continuative* (Aspekt)
F, fem.	Feminin
Gr1 etc.	*Grade* 1 etc.
H	Hochton
HAB, Habt.	Habitual (Aspekt)
Impers.	Impersonal („man")
IO	indirektes Objekt
M, mask.	Maskulin
O	Objekt (direkt)
Pl, pl	Plural
PP, Pro	Personalpronomen
Rel	relativ
R, Rep.	repetitiv
S	Subjekt
sg	Singular
Subj.	Subjunktiv (Modus)
T	Tiefton
Unabh	unabhängig

Zitierte Literatur

Adamu, Mahdi: *The Hausa Factor in West African History*. Zaria: ABU Press. 1978.

Awde, Nicholas: *Hausa-English/English-Hausa Dictionary*. New York: Hippocrene Books. 1996.

Bargery, G.P.: *A Hausa- English Dictionary and English-Hausa Vocabulary*. London: Oxford University Press. 1934.

Blench, Roger M. The westward wanderings of Cushitic pastoralists. In C. Baroin and J. Boutrais (Hrsg.): *L'Homme et l'animale dans le Bassin du Lac Tchad*. Paris: IRD. 1999. S. 39-80.

Blench, Roger: *Archaeology, languages, and the African past*. Lanham: Alta Mira Press. 2006.

Blench, Roger: The linguistic geography of Nigeria and its implications for prehistory. In Allsworth-Jones, Philip (Hrsg.): *West African Archaeology: New developments, news perspectives*. BAR S2164. 2010. S. 161-170.

Ehret, Christopher: *The civilizations of Africa: A history to 1800*. Virginia: The University of Virginia Press. 2002.

Greenberg, Joseph H.: Studies in African Linguistic Classification. 1-8. *Southwestern Journal of Anthropology* 5-10. Albuquerque: University of New Mexico Press. 1949-54.

Hamani, Djibo: Proto Hausa et Hausa. In Djibo Hamani: *Vallées du Niger*. Paris: Editions de la Réunion des Musées Nationaux. 1993. S. 192-202.

Herms, Irmtraud: *Wörterbuch Hausa-Deutsch*. Leipzig: Langenscheidt. 1992.

Jaggar. Philip: *Hausa*. Amsterdam: John Benjamins. 2001.

Ladefoged, Peter und Ian Maddieson. *The Sounds of the World's Languages*. Malden: Blackwell. 1996.

Lukas, Johannes: Hamitisches Sprachgut im Sudan. *ZDMG* 90: 579-588. 1936.

Lukas, Johannes: The linguistic situation in the Lake Chad area in Central Africa. *Africa* IX, 3: 332-349. 1936.

Lukas, Johannes: Der hamitische Gehalt der tschado-hamitischen Sprachen. *ZfES* 28: 286-299. 1937/38.

Johnston, H. A. S.: Hausaland and the Hausas. In H. A. S. Johnston: *The Fulani Empire of Sokoto*. London: Oxford University Press. 1967.

Ma Newman, Roxana: *An English-Hausa Dictionary*. New Haven, London: Yale University Press. 1990.

McIntyre und Meyer-Bahlburg: *Hausa in the Media. A Lexical Guide*. Hamburg: Helmut Buske. 1991

Meinhof, Carl: *Die Sprachen der Hamiten*. Hamburg: Friederichsen. 1912.

Newman, Paul: *The Hausa Language. An Encyclopedic Reference Grammar*. New Haven, London: Yale University Press. 2000.

Newman, Paul: *A Hausa-English Dictionary*. New Haven, London: Yale University Press. 2007.

Parsons, F.W.: The verbal system in Hausa (forms, function and grades). Afrika und Übersee 44: 1-36. 1960/61.

Parsons, F.W.: Further observations on the "causative" grade of the Hausa. *Journal of African Languages* 1: 272-288. 1962.

Parsons, F.W.: Suppletion and neutralization in the verbal system of Hausa (the causative, the dative and irregular verbs). *Afrika und Übersee* 55: 49-96, 188-208. 1971/72.

Philips, John Edward: Hausa in the twentieth century: an overview. *Sudanic Africa* 15, 55-84. 2004.

Schmidt, Wendelin: *Fernhandel, Arbeitsmigration und Minoritätenbildung: Urbane Zentren in Ghana*. Hamburg: Lit-Verlag. 2002.

Smith, A.: Some considerations relating to the formation of states in Hausaland. *Journal of the Historical Society of Nigeria* 5(3): 329-346. 1970.

Sutton, J. E. G.: Toward a less orthodox history of Hausaland. *The Journal of African History* 20(2): 179-201. 1979.

Sutton, J. E. G.: Hausa as a process in time and space. In A. Haour & B. Rossi (eds).*Being and becoming Hausa. Interdisciplinary perspectives*. London : Brill. 2010.

Wolff, H. Ekkehard: *Referenzgrammatik des Hausa*. Münster, Hamburg: Lit-Verlag. 1993.

Wolff, H. Ekkehard: Verbal Plurality in Chadic: Grammaticalisation Chains and Early Chadic History. In A. Simson (Hersg.): *Proceedings of the 27th Annual Meeting of the Berkeley Linguistics Society, March 22-25, 2001: Special Session on Afroasiatic Languages*. (BLS-27S). Berkeley, California: Berkeley Linguistics Society. 2004. S. 123-167.

Marion Feuerstein

Abdilatif Abdalla, die Macht der Sprache

Afrikanische Literaturen im Allgemeinen

Afrika hat einige Literatur-Nobelpreis-Trägerinnen und -Träger vorzuweisen sowie Preisträger anderer bedeutender literarischer Auszeichnungen. Wole Soyinka (Nobelpreis für Literatur 1986), Chinua Achebe (Friedenspreis des Deutschen Buchhandels 2002), beide Nigeria, Nadine Gordimer (Nobelpreis für Literatur 1991), Südafrika, Ngugi wa Thiong'o, Kenia, und Nagib Machfus (Nobelpreis für Literatur 1988), Ägypten, werden hier stellvertretend genannt für die großen Klassiker, die internationales Ansehen genießen. Andere bedeutende Namen sind hinzu gekommen und finden viel Beachtung unter Kritikern und Lesern. Chimamanda Ngozi Adichie aus Nigeria sei beispielhaft genannt, deren Erzählsammlung *The Thing around your Neck* (2009) gerade beim S. Fischer Verlag in deutscher Übersetzung erschienen ist unter dem Titel *Heimsuchungen* (2012). Sie gilt als großes Erzähltalent und „steht auf der renommierten Liste der >20 besten Schriftsteller unter 40< des *New Yorker*".[52]

Dies sind nur einige wenige Beispiele für den literarischen Reichtum, den der Kontinent zu bieten hat und für Autorinnen und Autoren aus Afrika, die international beachtet werden, weil sie ganz oder teilweise in einer der ehemaligen Kolonialsprachen schreiben und somit im internationalen Literaturbetrieb wahrgenommen werden. Unvergleichlich viel größer sind die literarischen Schätze, die ausschließlich in afrikanischen Sprachen – sei es mündlich oder schriftlich – verfasst wurden und immer noch werden. Sie haben es, schon aus sprachlichen Gründen, viel schwerer, Anerkennung im internationalen Literaturbetrieb zur erlangen.

Für eine besonders lange schriftliche literarische Tradition in afrikanischen Sprachen stehen die Literaturen der Hausa in West- und die der Swahili in Ostafrika. Einen herausragenden Schriftsteller, den kenianischen Dichter Abdilatif Abdalla, werde ich in diesem Beitrag mit einer kleinen Auswahl seiner Dichtung vorstellen.

---

52   http://www.fischerverlage.de/buch/heimsuchungen/9783100006257 (25.6.2012).

Kiswahili Literatur im Besonderen

Abdilatif Abdalla, geboren 1946, stammt aus Mombasa in Kenia. Er zählt zu den bedeutendsten Vertretern der Swahili-Dichtung.[53] Das Kiswahili, ursprünglich die Sprache der Küstenbewohner an der ostafrikanischen Küste und den vorgelagerten Inseln (wie z.b. Sansibar, Lamu, Pemba), ist eine der ganz großen afrikanischen Sprachen mit ca. 100 Mio. Sprechern und wird vor allem in Tansania, Kenia, Uganda und in der Demokratischen Republik Kongo in unterschiedlichen Varietäten gesprochen. Es gehört zu den sogenannten Bantu-Sprachen, einer Unterfamilie des mit ca. 1400 Sprachen größten Sprachstammes der Erde (Niger-Kongo Sprachstamm), deren herausragendes grammatisches Merkmal ein charakteristisches Nominalklassensystem ist.[54] Ein weiteres Charakteristikum ist, dass das Kiswahili sein Vokabular kontinuierlich durch Entlehnungen aus dem Arabischen angereichert hat, was von einer langen Tradition des intensiven Kontakts mit der arabischen Kultur und dem Islam zeugt. Neben Lehnwörtern aus dem Arabischen gibt es weitere Entlehnungen im Kiswahili-Vokabuar, beispielsweise aus dem Englischen, Portugiesischen, Deutschen, dem Farsi und Hindi.

Das Swahili gehört nicht nur zu den am längsten und besten erforschten Sprachen Afrikas, es hat auch einen hohen Stellenwert als Kommunikationsmittel über den Kreis seiner eigentlichen Muttersprachler hinaus, nicht nur als die bedeutendste afrikanische *lingua franca* (Verkehrssprache), sondern vor allem auch als Wissenschafts- und Literatursprache. Als Literatursprache hat das Swa-

---

53 Zur Klärung: Swahili (in alten deutschen Quellen auch: Suaheli) ist der ursprünglich vom arabischen Wort für „Küste" herzuleitende Wortstamm (der auch in der geographischen Bezeichnung „Sahel" für den südlichen Rand der Sahara enthalten ist), von dem Bezeichnungen für Menschen, deren Sprache etc. über „Nominalpräfixe" abgeleitet werden. So bezeichnet, mit dem Präfix ki-, Kiswahili die „Swahilisprache", die Präfixe m- und wa-, also Mswahili und Waswahili, werden im Singular bzw. Plural dazu verwendet, einen bzw. mehrere Menschen zu bezeichnen, die mit der Sprache Kiswahili und der dahinter stehenden Kultur identifiziert werden. In der europäischen Tradition werden die spracheigenen Präfixe in der Regel fortgelassen und man spricht von dem oder den „Swahili".

54 Im Swahili zählt man 15 Nominalklassen, Singulare und Plurale eingerechnet, die durch Präfixe markiert sind (vgl. Anmerkung in Fußnote 44) und die jeweils gemeinsame semantische Merkmale teilen können. Alle vom Nomen abhängigen Redeteile werden im Satz in formaler „Konkordanz" dazu gebildet und weisen dasselbe oder ein formal ähnliches Präfix auf, vgl. kitu kile kimeanguka „jenes Ding ist heruntergefallen" und vitu vile vimeanguka „jene Dinge sind heruntergefallen".

hili eine alte Tradition. Das erste erhaltene Gedicht stammt aus dem 17. Jahrhundert. Es ist, wie fast jede alte Dichtung, religiösen Inhalts und in arabischer Schrift verfasst. Einer der Klassiker der moderneren Swahili-Literatur ist Shaaban Robert (1909-1962), der von der britischen Kolonialverwaltung in Tanganjika gefördert wurde und ein umfangreiches Œuvre hinterließ. Heute noch ist seine Dichtung Teil der Schullektüre in Tansania. Durch seine Breitenwirkung hat er viel zur Literarisierung der Sprache beigetragen. Während bei ihm Lyrik eine große Rolle spielte, die den strengen Regeln der Swahili-Prosodie folgt, gibt es heute Literatur in allen Genres, eine blühende Romankultur und experimentelle Lyrik, die frei mit Sprachen und Formen umgeht.

Abdilatif Abdalla, ein politischer Dichter

Im Unterschied zu seiner Heimat ist Abdilatif Abdalla in Europa nur wenig bekannt, denn er schreibt fast ausschließlich auf Kiswahili, genauer gesagt: im Kimvita-Dialekt von Mombasa, einem der Dialekte, in dem schon die frühen Swahili-Poeten ihre Dichtung verfassten (Lindfors 2003: 6) und der somit selbst eine historisch wichtige „Literatursprache" ist.

Abdilatif Abdalla, dessen Großonkel Ahmad Basheikh bin Hussein und älterer Bruder Ahmad Nassir Juma Bhalo schon für ihre Dichtung bekannt waren, schreibt Lyrik. Seine Sprache ist reich an Ausdruckskraft, an Archaismen und Wortspielen, er verwendet Endreim, Alliteration und Repetition. Für ihn sind Reim, Strophe und Versmaß unverzichtbare Teile eines Gedichtes. Die strenge Form folgt den Regeln der traditionellen Swahili-Dichtung, der Inhalt ist revolutionär. Inhaltlich ist seine Lyrik vor allem politisch, kämpferisch und unbeugsam. Abdilatif Abdalla begann im Gefängnis Lyrik zu verfassen. Besonders seiner Anthologie *Sauti Ya Dhiki* (Stimme der Agonie, 1973), die er nach einem 3-jährigen Gefängnisaufenthalt zusammengestellt hat – er war als Oppositioneller und Regimekritiker der Verleumdung und Volksverhetzung angeklagt und dafür verurteilt worden – merkt man die Schmerzen der Einzelhaft an. Die sprachlichen Bilder spiegeln lebhaft diese extremen menschlichen Erfahrungen wider. Wie vielen Schriftstellern, die auf Kiswahili schreiben, anstatt in einer der ehemaligen Kolonialsprachen, geht es ihm nicht um Identitätsfragen oder um kulturelle Entfremdung. Er schreibt über eine Vielfalt an Themen, die einen direkten Bezug zur politischen Realität Afrikas haben. Oft tritt das poetische Ich in einen Dialog mit den Potentaten, dem einfachen Volk oder den gegenwärtigen und zukünftigen Helden.

Abdilatif Abdallas lyrisches Erwachen im Gefängnis bringt ihn in die Nähe der sogenannten Gefängnisliteratur. Gefängnisliteratur ist ein eigenes Genre in der Literaturwissenschaft. Gemeint ist damit Literatur, die im Gefängnis entstanden ist und auch diesen Entstehungsort zumindest indirekt zum Gegenstand des Schreibens hat. Gefängnisliteratur gibt es, wie in vielen Literaturen, auch in den Literaturen Afrikas. Berühmte Vertreter sind beispielsweise der Nobelpreisträger Wole Soyinka, der seine *Poems from Prison* (veröffentlicht 1969) während eines Gefängnisaufenthaltes in Einzelhaft schrieb. Ein weiterer bedeutender Vertreter der Gattung ist Ngugi wa Thiong'o mit *Devil on the cross* (1980) und *Detained. A Writer's Prison Diary* (1981). Abdilatif Abdalla gehört ebenfalls dazu. In Interviews und bei Lesungen schildert er, wie er seine Gedichte auf Toilettenpapier schrieb während seiner Einzelhaft im *Kamiti Maximum Security Prison* nahe bei Nairobi in den Jahren 1969-1972. Ursache für seine Inhaftierung war ein Pamphlet mit dem Titel *Kenya Twendapi?* (Wohin, Kenia?), ein Pamphlet unter anderen, in dem er als Oppositioneller und Anhänger der KPU (*Kenya People's Union*) unter Leitung von Oginga Odinga, die Politiker des postkolonialen Kenia angreift. Die regierende KANU (*Kenya African National Union*) unter Jomo Kenyatta war schon kurz nach der Unabhängigkeit im Jahr 1963 korrupt geworden. Intoleranz gegen Kritiker aus den eigenen Reihen und die Bereicherung von Verantwortung tragenden Politikern durch Landraub führten zum Austritt einzelner Minister und Abgeordneter und zur Gründung der schon erwähnten KPU 1966. Abdilatif Abdalla ist 1946 geboren, im Alter von 19 Jahren trat er in die KPU ein (vgl. Interview mit Kimani wa Wanjiru 2010). Als 1968 Kommunalwahlen durchgeführt werden sollten, wurden einige Monate zuvor die KPU-Kandidaten disqualifiziert wegen technischer Fehler. Kürzlich äußerte er sich dazu folgendermaßen: "I was so enraged by the kind of injustice that our party suffered. That all the 1,800 KPU candidates had not filled in their papers properly while all Kanu candidates had filled in the same papers properly would not make sense even to an insane person", (Gisesa 2012: 4). Die Opposition erkannte in diesen Vorgängen eine gefährliche Tendenz zur Diktatur. In dieser Situation schrieb der 22-jährige Abdalla sein verhängnisvolles Pamphlet, nicht ohne es zuvor mit Parteifreunden und vor allem seinem älteren Bruder und geistigen Führer Sheikh Abdilahi Nassir zu diskutieren. Dessen Empfehlung, den harschen Ton zu mildern, kam er nicht nach (vgl. Interview mit Kimani wa Wanjiru 2010).

Der Gefängnisaufenthalt und besonders die Einzelhaft sollten sicherlich dazu dienen, den politischen Willen des Inhaftierten zu beugen und ihn zu veranlassen, seinen Standpunkt zu reflektieren und zu modifizieren bzw. aufzugeben. Bei Abdilatif Abdalla jedoch findet eine ständige Rückbesinnung auf seine politischen Überzeugungen statt und eine wiederholte Rückversicherung seiner politischen Ideale. Er denkt darüber nach, wie er nach seiner Entlassung den politischen Kampf weiterführen kann. All dies kommt in seinen Gedichten zum Ausdruck, aber auch quälende Gefühle von Einsamkeit, Sorgen um die Familie, Unsicherheiten und Zweifel schlagen sich nieder. Die einzige Lektüre, die ihm zugestanden wird, ist eine arabische Ausgabe des Koran. Auch darin sieht er Vorbilder für ein unbeugsames Einstehen für seine Überzeugungen. So ist auch sein erstes Gedicht *Nshishiyelo ni Lilo!* (Ich halte fest, woran ich glaube!) ein politisches Manifest und eine Selbstversicherung seines politischen Credo und, wie er sagt, ein imaginärer Brief an den Bruder (Interview mit Kimani wa Wanjiru 2010).[55] Seinen zweiten Tag im Kamiti Gefängnis, als er seine Gefängnisnummer bekam, beschreibt er so: „Stripped of my freedom ... Stripped of my privacy ... Stripped of my dignity and humanity and bared to occasional insults and rudeness ... And now I'm stripped even of my name! I'm no longer me. Just a mere breathing, walking thing!" (Abdalla 1985: 25; während seiner Zeit bei der BBC London erinnert er sich an einige Gefängnistage aus der Rückschau, hier an den 13. Mai 1969).

Abdilatif Abdalla schreibt auf Kimvita, d.h. in einer Varietät des Kiswahili. Kimvita ist kein Dialekt im Sinne einer nur regionalen Heimatsprache, sondern ein Dialekt, der eine große literarische Tradition hat.[56] Berühmte Schriftsteller schrieben auf Kimvita. Allen voran muss Muyaka bin Haji al-Ghassani, Poet des 19. Jahrhunderts, und „probably the first to escape the consensual anonymity of *tradition*" (Ricard, 2004: 65) genannt werden. Lange bevor das Kiswahili 1926/1935 standardisiert wurde und dafür als Basis die Kiunguja-Varietät von Sansibar-Stadt im heutigen Tansania zu Grunde gelegt wurde, war das Kimvita neben dem Kiamu Dialekt der Insel Lamu eine bevorzugte Sprache der Dichter und wird bis heute von Dichtern geschätzt. Es handelt sich um eine Sprachform, die nicht nur einige grammatikalische Besonderheiten aufweist, sondern auch einen weithin eigenen Wortschatz mit besonders reichen Varietäten hat; hinsichtlich Phonetik, Morphologie und Lexik unterscheidet sie sich deutlich vom Standard-Kiswahili. Die Besonderheiten machen es nicht einfach, Übersetzungen, etwa ins Deutsche, herzustellen. Nicht nur, dass Kimvita an deutschen Universitäten nicht gelehrt wird (sondern eher Standardvarietäten, wie sie in Tansania und Kenia vorkommen), der Dialekt ist ohnehin weniger erforscht, spezielle Lexika existieren nicht. Somit muss jede Übersetzung mit dem Autor überprüft und abgestimmt werden – und dies ist auch im vorliegenden Fall so geschehen.

---

55 Ich gehe davon aus, dass es sich um das weiter unten zitierte Gedicht „Siwati" handelt.

56 Khamis (2000), selbst Swahili, Literat und Literaturwissenschaftler, vermeidet den zumal in der englischsprachigen Literatur gern einmal diskriminierend gebrauchten Begriff „Dialekt" und bevorzugt statt dessen den Terminus Geolekt oder Soziolekt.

Abdilatif Abdalla, Gedichte

Die vorliegenden Gedichte wurden von Abdilatif Abdalla selbst für diese Publikation ausgewählt, sie sind bislang nur auf Kiswahili bzw. Kimvita zugänglich und liegen damit hier erstmals in deutscher Übersetzung publiziert vor. Die Übersetzungen wurden, wenn nicht anders angegeben, in Absprache mit Abdilatif Abdalla von Irmtraud Herms vorgenommen und wurden mir in Manuskriptform zur Verfügung gestellt. Sie entstanden aus Anlass von verschiedenen Lesungen mit Abdilatif Abdalla in Halle, Leipzig und beim *Festival der Sprachen* in Bremen 2009. Die Übersetzungen wurden von mir sprachlich bearbeitet, zum einen um der besseren Lesbarkeit willen, zum anderen, um den poetischen Charakter stärker zum Ausdruck zu bringen.

Das erste Gedicht ist entnommen aus Abdilatif Abdallas Anthologie (1973: 9) und entstand am 15. März 1970. Die Übersetzung folgt der von Sauda Ali Issa Barwani und Irmtraud Herms (beide unveröffentlicht) unter Zuhilfenahme einer englischen Übersetzung von Waliaula (2009), der die erste und letzte Strophe ins Englische übersetzt hatte.

Siwati

Siwati nshishiyelo, siwati; kwani niwate?
Siwati ni lilo hilo, 'talishika kwa vyovyote
Siwati ni mimi nalo, hapano au popote
Hadi kaburini sote, mimi nalo tufukiwe

Siwati ngaadhibiwa, adhabu kila mifano
Siwati ningaambiwa, 'tapawa kila kinono
Siwati lililo sawa, silibanduwi mkono
Hata ningaumwa meno, mkono siubanduwi

Siwati si ushindani, mukasema nashindana
Siwati ifahumuni, sababuye waungwana
Siwati ndangu imani, niithaminiyo sana
Na kuiwata naona, itakuwa ni muhali

Siwati nimeradhiwa, kufikwa na kila mawi
Siwati ningaambiwa, niaminiyo hayawi
Siwati kisha nikawa, kama nzi; hivyo siwi
Thamma nakariri siwi, na Mn'gu nisaidiya

Ich gebe nicht auf

Nicht gebe ich auf, worauf ich bestehe. Nicht gebe ich auf, warum aufgeben?
Nicht gebe ich auf, worauf ich bestehe. Ich halte fest, was immer geschehe
Nicht gebe ich auf, immer halte ich fest daran, wo immer das sei
Bis wir zusammen begraben sein werden

Nicht gebe ich auf, selbst wenn ich mit schlimmen Strafen bestraft werde
Nicht gebe ich auf, auch wenn mir alle Annehmlichkeiten geboten werden
Nicht gebe ich auf, das Rechte zu tun, ich werde es nicht aus den Händen geben
Selbst wenn man mich schlüge, ich werde festhalten

Nicht gebe ich auf, es ist nicht nur ein Streit, wenn ihr sagt, dass ich streitsüchtig sei
Nicht gebe ich auf, wisst, es gibt einen Grund
Nicht gebe ich auf. Es ist meine Überzeugung, die ich so wert schätze
Und sie aufgeben ist unmöglich

Nicht gebe ich auf, eher ertrüge ich alles Übel
Nicht gebe ich auf, selbst wenn sie mir sagen, ich glaube an das Unerreichbare
Nicht gebe ich auf und werde wie eine Fliege sein, so kann ich nicht sein
So kann ich nicht sein, so wahr mir Gott helfe

Stakkatoartig, als wollte der Autor sich selbst unermüdlich seiner Beständigkeit vergewissern, sich selbst einhämmern, dass an eine Aufgabe seiner politischen Anschauungen nicht zu denken sei, wiederholt er Vers für Vers: „Ich gebe nicht auf". Die Negation, für die 1. Person Singular das ‚si', im Swahili als Präfix dem Verb vorangestellt, untermalt die Dringlichkeit dieses Ausrufs. Das Gefängnis kommt nicht unmittelbar vor und doch ist es die Folie, auf der das Gedicht entstanden ist. Wie verführerisch wäre es, angesichts der Folter der Einzelhaft, ohne Kommunikation mit anderen Menschen, einfach aufzugeben, nachzugeben, Ruhe zu geben. Bekräftigt wird das Selbstversprechen durch die Hinwendung zu Gott. Das Versprechen gilt nicht nur dem eigenen Ich, sondern auch gegenüber Gott und ist somit ein unauflöslich versiegeltes Versprechen, das Gültigkeit hat bis ins Grab. Die Überzeugung des Dichters ist so sehr Teil von ihm, dass sie erst mit ihm zusammen stirbt.

Das Gedicht ist streng in der Form. Es besteht aus vier Strophen, (u)baiti oder (u)beti, zu je vier Versen (umgangssprachlich Zeile), *mshororo*, mit einer Zäsur in der Mitte, der Endreim am Versende und in der Zäsur wiederholt sich für die ersten drei Verse in der letzten Silbe. Der vierte Vers durchbricht das strenge Schema, der Endreim wird hier in der Zäsur wiederholt (a-b, a-b, a-b, bc). Auch der Rhythmus ist verändert im Vergleich zu den ersten drei Versen. Beginnen diese unbetont, so beginnt der vierte Vers mit einer Betonung. Durch die Gleichförmigkeit in Rhythmus, Reim und einleitendem *siwati*, ‚gebetsmühlenartig' wiederholt, kommt dem letzten Vers besondere Bedeutung zu. Hier merkt der Zuhörer auf, stolpert quasi. Bis in den Tod, als Versprechen vor Gott, dessen Beistand erfleht wird, sollen die Worte Gültigkeit haben.

Abdilatif Abdalla folgt damit einer klassischen Gedicht-Struktur, dem shairi (mashairi, pl.), mit je 8 Silben pro Halbvers (kipande), der von seinem verehrten Vorbild Muyaka entwickelt wurde (Miehe 1995: 292). Mag es widersprüchlich klingen, dass revolutionäre Gedanken in traditionelle Formen gepresst werden, für Abdilatif Abdalla existiert dieser Widerspruch nicht. So wie er im Kimvita-Dialekt schreibt und sich in eine lange literarische Tradition einreiht, ist auch die Form Ausdruck für seine Identität, für seine Verbundenheit mit der Swahilikultur und für sein Nationalbewusstsein. Swahili-Prosodie ist Ausdruck des kulturellen literarischen Erbes, in dem Abdilatif Abdalla steht, für das er kämpft und für das er schreibt, und das überdies noch ein Erbe des politischen Widerstandes ist mittels des dichterischen Wortes (Waliaula 2009: 133), „the right and might of the pen", wie der Dichter es in der Überschrift zu seinen Tagebuchnotizen (in *Africa Events* 1985) selbst formuliert hat.

In Form und Sprache folgt er Muyaka, dem Dichter des frühen 19. Jahrhunderts, der diese Gedichtform populär machte und zur Vollendung brachte. Muyakas Gedichte hatten vielfältige Themen zum Inhalt, er galt als patriotischer Dichter der Unabhängigkeit von der Vorherrschaft des omanischen Sultanats von Sansibar (2004: 65f). Auch ihm, diesem ersten säkularen Poeten der Swahili-Dichtung, war nicht nur an der reinen Ästhetik der Worte gelegen. Auch er nahm aktiv Anteil am Zeitgeschehen und an politischen Fragen und mischte sich in politische Entscheidungen ein.

Das folgende Gedicht ist ebenfalls Abdilatif Abdallas Anthologie entnommen (1973: 23) und entstand am 19. Juli 1970. Die Übersetzung stammt von Irmtraud Herms, von mir bearbeitet unter Einbeziehung einer unveröffentlichten Bearbeitung der 1. Strophe von Said A. M. Khamis (Unveröffentlichtes Handout).

Kuno Kunena

Kuno kunena kwa nini, kukanikomeya kuno?
Kwani kunena kunani, kukashikwa kani vino?
Kani iso na kiini, na kuninuniya mno
Kanama nako kunena, kwaonekana ni kuwi

124

Kana na kuku kunena, kunenwa kakutakiwi
Kuna wanakokuona, kunena kwamba si kuwi
Kunena wakikuona, kukuita kawakawi
Kunena kana kwanuka, nikukome kukunena?

Dieses Reden

Warum hat dieses mein Reden mich hier eingesperrt?
Was ist an meinem Reden, dass es so sehr irritiert?
Sind es die grundlosen Anschuldigungen, die mich so verhasst machen
Ist es deshalb, dass mein Reden als böse angesehen wird

Wenn dieses Reden nicht erwünscht ist
so gibt es Menschen, die nichts Schlechtes daran finden
Wenn sie das Reden sehen, zögern sie nicht, es zu rufen
Wenn das Reden stinkt, soll ich etwa aufhören, zu dir zu reden?

Auch hier schreibt Abdilatif Abdalla in der Form des shairi, das zu einer beliebten Form mutierte. Es ist relativ flexibel, nicht so starr wie das narrative lange Gedicht des utendi (utenzi). Auffallend ist der Stabreim, der den Konsonanten k wiederholt im Wortanlaut und im Inneren von Wörtern. Vorbild ist das Schlüsselwort *kunena* „Reden", das inhaltlich und formal das Zentrum des Gedichtes ausmacht. Das Reden ist es, das zum Dreh- und Angelpunkt wird.[57] An ihm scheiden sich die Geister, das Reden ist die Ursache für die Haftstrafe. Das Reden ist es auch, das die Menschen spaltet in solche, denen es verhasst ist und in solche, die es herbeisehnen. Das Reden verlangt nach einem Gegenüber, nach einem Adressaten. Im letzten Vers erscheint dieser Adressat, das Du, zu dem gesprochen wird, das Publikum, der Leser und Hörer. Wie es auch sei das Reden, sei es unbeliebt, verhasst, stinkend, es muss ausgesprochen werden, denn es ist die Wahrheit über die Herrschenden, die nach außen dringt, dringen muss, allen Widrigkeiten zum Trotz. So wichtig ist dieses Reden, und gerade jetzt in der Isolationshaft ist es nicht möglich.

Beide bislang vorgestellten Gedichte sind im Kamiti Gefängnis entstanden und nach Abdilatif Abdallas Haftentlassung publiziert worden. Für ihn selbst sind sie Ausdruck der Notwendigkeit, dass das, was geschehen ist, unvermeidlich war, aber gleichzeitig Ausdruck seines Kampfes ums Überleben im Ge-

---

57 Vgl. das berühmte Gedicht von Muyaka, Kimya [Schweigen] (Miehe 1995: 303), das sich ebenfalls des Stilmittels der Rekurrenz bedient und eine signifikante Parallele zu Siwati darstellt.

fängnis, Kampf auch darum, nicht irrsinnig zu werden. In der Rückschau schreibt er dazu:

The few days I spent in Kamiti Medium High Prison – before being sent back to Mombasa High Court for the sentence to be extended – splitting stones, were more bearable than the long idle moments in this cell. I had dislocated my wrist in the course of doing that hard labour, but I still would prefer that to this idleness and solitary life. Were it not for the fact that I still believe that what I did, speaking out, was right, I would be insane by now. Thanks to my 'friends' for toilet paper which eases my suffering a bit by writing poems on it. (Abdalla 1985: 26)

Somit trifft auch für ihn zu, was Waliaula (2009: 129) für axiomatisch hält in der afrikanischen Gefängnisliteratur, dass sie nämlich geschärft, modelliert oder katalysiert wird durch die Repressalien der Regierung. Also das Gegenteil von dem, was die kenianische Regierung beabsichtigt, tritt ein.

Das folgende Gedicht ist über das Internet zugänglich.[58] Die Übersetzung stammt von Irmtraud Herms (unveröffentlichtes Manuskript).

Kibaruwa

Kwenye shamba hilo kubwa asilani hakunyi mvuwa
Ni kwa mitilizi ya jasho langu ndiyo hunweshezewa
Kwenye shamba hilo kubwa sasa imeshaiva kahawa
Na bunize ni matone ya damu yangu niliyotowa
Ndipo mte ukatipuza

Buni hiyo itakaangwa buni hiyo itapondwapondwa
Buni hiyo itasagwa na buni hiyo itafyondwafyondwa
Bali itabaki nyeusi kama ngozi yangu Kibaruwa

Waulize ndege kwa nyimbo nyanana watutumbuizao
Iulize na mito kwa furaha maji itiririkao
Uulize na upepo mkali kwa ghadhabu uvumao –
Viulize: Ni nani araukaye na mapema kuzitema mbuga na kuzilaza?
Viulize: Ni nani akweaye minazi tangu kuchapo hadi lingiapo giza?
Viulize: Ni nani abebeshwaye mizigo hadi maungo yakageuka shaza?
Halafuye hana faida moja apatayo wala malipo yanayotosheleza –
Isipokuwa kusundugwa na kutupiwa matambara na vyakula vilivyooza?
Viulize: Ni nani huyo ni nani!

---

58   http://www.mashada.com/forums/politics/4813-kibaruwa-poem-ndugu-abdilatif-abdalla-leipzig-germany.html [letzter Zugriff: 20.03.2012].

Viulize: Ni nani ayalimaye mashamba na kuyapalilia?
Na mimea kochokocho ikajaa kwa uzito ikajinamia?
Hatimaye nani atajirikaye mali yakammiminikia
Akaota na kitambi kama mja mzito wa miezi tisia
Na akaongeza magari na wanawake kutoka na kuingia?
Viulize: Ni nani huyo ni nani!

Na hao ndege kwa nyimbo nyanana watutumbuizao
Nayo hiyo mito kwa furaha maji itiririkao
Na huo upepo mkali wenye ghadhabu uvumao
Vyote hivyo vitatu vitakujibu kwa umoja wao:
"Ni Kibaruwa Manamba ndiye mtendaji hayo!"

Der Tagelöhner

Auf diesem großen Feld regnet es überhaupt nicht
Es wird durch die Ströme meines Schweißes getränkt
Auf diesem großen Feld ist jetzt schon der Kaffee reif
Und seine Bohnen sind die Tropfen meines Blutes, die ich gab
Und erst da sprossen die jungen Pflanzen

Diese Bohne wird geröstet werden, diese Bohne wird zerstampft werden
Diese Bohne wird zermahlen werden, diese Bohne wird eingesogen werden
Aber sie wird schwarz bleiben wie meine Haut, die des Tagelöhners

Frage die Vögel mit den sanften Liedern, mit denen sie uns erfreuen
Frage auch die Flüsse, in denen das Wasser fröhlich fließt
Frage auch den starken Wind, der mit Zorn bläst –
Frage sie: Wer steht früh auf, um die Steppe zu roden und zu ebnen?
Frage sie: Wer klettert von Sonnenaufgang bis zum Dunkelwerden auf die Ko-
kospalmen?
Frage sie: Wem werden die Lasten aufgeladen, bis der Rücken rau wird wie die
rohe Koralle
Und dann hat er weder Nutzen noch genügend Bezahlung
Außer Verachtung und Lumpen und verdorbene Speisen
Frage sie: Wer ist dieser, wer ist es?

Frage sie: Wer ist es, der die Felder beackert und jätet?
Und die unzähligen Pflanzen, die voller Früchte sind und sich wegen des Ge-
wichts biegen?
Und schließlich, wer ist es, der reich wird und mit Reichtum überschüttet

Und dem ein Bauch wächst wie einer Schwangeren im neunten Monat
Und immer mehr Autos hat und Frauen, die ein- und ausgehen?
Frage sie: Wer ist dieser, wer ist es?

Und diese Vögel mit ihren sanften Liedern, mit denen sie uns erfreuen
Und diese Flüsse, in denen das Wasser fröhlich fließt
Und dieser starke Wind, der mit Zorn bläst
Alle diese drei werden dir einmütig antworten:
"Es ist der Tagelöhner, der Saisonarbeiter, der das alles macht!"

Ungleich den beiden Vorgängern hat dieses Gedicht eine freie Form, es gibt
keine strenge Strophenbildung, kein festes Metrum, keine Zäsur in der Mitte des
Verses. Abdalla verwendet lediglich den Endreim, der sich in jedem Vers einer
Strophe bis auf die letzte wiederholt. Ein besonderes Stilmittel sind Wiederho-
lungen. Dies bezieht sich vor allem auf die zahlreichen rhetorischen Fragen, die
ein wesentliches Element des Gedichtes sind, aber auch auf einzelne Schlüssel-
wörter wie *buni*, die Kaffeebohne, die immer wieder modifiziert, bearbeitet
wird, sprachlich wie in der Realität. Besonders auffallend sind die ausdrucks-
starken Bilder.

Auch inhaltlich ist dieses Gedicht anders, es ist keine Gefängnisliteratur,
keine Anklage, keine Selbstvergewisserung, aber eine Hinwendung zur gesellschaftlichen Realität, zu denen, die das Land bearbeiten – und auch das – zu denen, die davon profitieren. Die Fragen sind rhetorisch, denn jeder kennt die wah-
ren Verhältnisse von Macht und Ohnmacht, von harter Arbeit und verschwende-
rischem Wohlleben, von Besitz und Armut, die Antwort ist so klar, dass Wind
und Vögel und Flüsse sie beantworten können. Das Gedicht ist bislang noch in
keiner Anthologie veröffentlicht, es ist unklar, wann es entstand, aber es ist ak-
tuell, damals wie heute. Ausdrucksvoll bis zur Schmerzgrenze sind die starken
Bilder, es ist nicht das Wasser oder der Schweiß von der harten Arbeit, mehr
noch, es ist das Blut, das zum Vergleich herangezogen wird. Rot wie das Blut
sind die jungen Kaffeebohnen, wenn sie gepflückt werden, dann werden sie ge-
trocknet und geröstet und werden immer ähnlicher der schwarzen Haut des Tagelöhners, eine Verschmelzung kommt so zustande zwischen dem Arbeiter auf
der Kaffeeplantage und seiner Arbeit, dem, was er produziert. Nur, dass er außer
der harten Arbeit nichts hat, was ihm das Leben erleichtert. Heute könnte ein
weiteres Bild dem vom ausgezehrten Arbeiter und vom dicken, müßigen Reichen hinzugefügt werden, nämlich das vom gierigen Weltmarkt, der die Preise
diktiert.

128

Schluss

Abdilatif Abdalla ist bis heute ein politischer Autor geblieben, der sich, neben seiner Lyrik, zu unterschiedlichen Zeiten und zu unterschiedlichen politischen Themen zu Wort meldet, seien es die Wahlen in Kenia, oder die Reaktion der westlichen Welt auf den 11. September. Bis auf wenige Ausnahmen schreibt er auf Kiswahili, in der Sprache, in der er sich zu Hause fühlt, obwohl er seit vielen Jahren in Europa lebt. Seine Wurzeln und seine politischen Überzeugungen hat er nicht vergessen. Hierzulande kennt ihn kaum jemand. In seiner Heimat ist er eine Ikone. Ngugi wa Thiong'o, ein Freund und politischer Weggefährte, sagte anlässlich einer Einladung des Instituts für Afrikanistik der Universität Leipzig im Jahr 2007 über ihn, den Jüngeren, er sei ihm Vorbild im Schreiben gewesen. Wünschen wir uns noch viele Gedichte von ihm – und hoffen auf andere, die sie uns sprachlich erschließen.

Zitierte Literatur

Abdalla, Abdilatif: *Sauti Ya Dhiki.* Nairobi: Oxford University Press. 1973.

Abdalla, Abdilatif: The Right and Might of a Pen. *Africa Events,* September. 1985. S. 25f.

Abdalla, Abdilatif: *Kibaruwa.* 2005. http://www.mashada.com/forums/politics/4813-kibaruwa-poem-ndugu-abdilatif-abdalla-leipzig-germany.html [letzter Zugriff: 20.03.2012].

Adichie, Chimamanda Ngozi: *The Thing around your Neck.* London: Fourth Estate. 2009. [Übersetzung: *Heimsuchung.* Aus dem Englischen von Reinhild Böhnke. Frankfurt am Main: S.Fischer Verlag, 2012.] http://www.fischerverlage.de/buch/heimsuchungen/ 978310000625 7 [letzter Zugriff: 25.6.2012]

Barwani, Sauda Ali Issa: *Ich gebe nicht auf.* Übersetzung von ‚Siwati' von Abdilatif Abdalla. [o.J.] Unveröffentlicht.

Gisesa, Nyambega: Face to Face with Kenya's First Post-Independence Political Prisoner. *Sunday Nation. Lifestyle.* July 8. 2012.

Herms, Irmtraud: *Dieses Sprechen.* Übersetzung von ‚Kuno Kunena' von Abdilatif Abdalla. [o.J.] Unveröffentlicht.

Herms, Irmtraud: *Ich gebe nicht auf.* Übersetzung von ‚Siwati' von Abdilatif Abdalla. [o.J.] Unveröffentlicht.

Khamis, Said A.M.: The Heterogeneity of Swahili Literature. *Nordic Journal of African Studies* 9.2: 11-21. 2000.

Khamis, Said A.M.: Whither Swahili Literature? Translation and the World Recognition of Abdalla's "Sauti ya Dhiki". [o.J.] Unveröffentlicht.

Lindfors, Anna-Lena: The *ku*-Marker in Swahili. C-uppsats VT 2003, 1-32. (Uppsala: Universitet Institutionen för Lingvistik). 2003.

Miehe, Gudrun: Stilistische Merkmale der Swahili-Versdichtung. In Gudrun Miehe und Wilhelm J.G. Möhlig (Hrsg.): *Swahili-Handbuch.* Köln: Rüdiger Köppe Verlag. 1995. S: 279-321.

Ngugi wa Thiong'o: *Caitaani mũtharaba-inĩ.* Nairobi: Heinemann Educational Books. 1980. [*Devil on the Cross.* Translated from the Gĩkũyũ by the author. London [u.a.]: Heinemann, 1982. [Deutsche Übersetzung: *Der gekreuzigte Teufel. Roman.* Aus dem Englischen von Susanne Koehler. Frankfurt am Main: Suhrkamp Verlag, 1988].

Ngugi wa Thiong'o: *Detained. A Writer's Prison Diary.* London [u.a.]: Heinemann. 1981. [Übersetzung: *Kaltgestellt. Gefängnistagebuch.* Aus dem Englischen von Susanne Koehler. München: Trickster Verlag, 1991].

Ricard, Alain: The Languages and Literatures of Africa. The Sands of Babel. Oxford: James Currey. 2004.

Soyinka, Wole: *Poems from Prison.* London: Rex Collings. 1969.

Waliaula, Ken[nedy] Walibora: Prison. Poetry and Polyphony in Abdilatif Abdalla's *Sauti Ya Dhiki. Research in African Literatures* 40.3: 129-148. 2009.

Wanjiru, Kimani wa: Prison Literature in Kenya. Q & A with Abdilatif Abdalla. 2010. http://kimaniwawanjiru.wordpress.com/2010/10/06/prison-literature-in-kenya-q-a-with-abdilatif-abdalla/ [letzter Zugriff: 19.3.2012].

Whiteley, W.H.: Kimvita. *Journal of the East African Committee* 25: 10-35. 1955.

Sprache - Kultur - Gesellschaft
Herausgegeben von Sabine Bastian und H. Ekkehard Wolff

Die Bände 1-10 sind im Martin Meidenbauer Verlag erschienen und können über den Verlag Peter Lang, Internationaler Verlag der Wissenschaften, bezogen werden: www.peterlang.de.

Ab Band 11 erscheint diese Reihe im Verlag Peter Lang, Internationaler Verlag der Wissenschaften, Frankfurt am Main.

Band 11   Barbara Alicja Jańczak: Deutsch-polnische Familien: Ihre Sprachen und Familienkulturen in Deutschland und in Polen. 2013.

Band 12   Ramona Schröpf (Hrsg.): Medien als Mittel urbaner Kommunikation. Kontrastive Perspektiven Französisch-Deutsch. 2013.

Band 13   H. Ekkehard Wolff: Was ist eigentlich Afrikanistik? Eine kleine Einführung in die Welt der afrikanischen Sprachen, ihre Rolle in Kultur und Gesellschaft und ihre Literaturen. 2013.

www.peterlang.de